영혼과 전생이야기

안동민/편저

머 리 말

서음미디어에서 〈심령과학 시리즈〉를 출판한 뒤 오랜 세월이 흘렀다. 그동안 나는 같은 출판사에서 30권의 책을 간행했다.
이제는 더 이상 심령과학 관계 서적은 쓰지 않을 것 같은 생각을 했었다. 그러나 그동안 서음미디어에서 여러 책들을 출판한 덕분에 나는 많은 새로운 사람들과 접하게 되었다.
사실은 소설보다 이상하다는 말을 나는 여러 번에 걸쳐서 실감했다.
나는 본시 소설가였으나, 지금은 심령상담이 전문이 되다시피 되었고, 심령능력자로 보다 더 알려져 있다. 많은 사람들의 어려운 문제들이 나의 조언(助言)에 의해 해결의 실마리를 푼 것도 사실이지만 모두가 그런 것만은 아니었다.
개중에는 나로서 어떻게 도와주어야 할지 엄두도 낼 수 없는 일들도 많았고, 또 실패한 경우도 있었다.
나는 사람들을 대하면 대할수록 내가 여러 가지 면에서 아직도 수양이 부족하다는 것을 뼈저리게 느낀다.
어느 의미에서는 나를 찾아오는 손님들이 나에게는 모두가 귀중한 스승인 셈이다.
사람마다 한 두가지 내가 그때까지 모르고 있던 사실들을 가르쳐 주기도 했고 새로운 진리 또는 교훈을 가르쳐 주곤 했기 때문이다.

 어제의 실력으로서는 오늘 찾아오는 손님들이 제시해 오는 문제를 해결하기가 어려웠다. 내가 그 자리에서 변신을 하여 한 단계 올라가야만 그들의 고민을 해결해 줄 수가 있는 것이다.

 이 난관을 뚫고 가는 길은 그때까지의 내가 알고 있던 것을 모두 버리고 마음을 완전히 비워야만 한다. 그러면 새로운 지혜가 샘솟듯이 솟아나곤 한다.

 나는 차차 내가 어떤 목적지를 향해 변신을 거듭하고 있다는 생각이 들기 시작했다. 단순한 초능력자에서 인간 반, 신(神) 반인 그런 생각이 되어가고 있다는 생각도 들었다.

 비록 짧은 시간이지만 무극신(無極神)과 파장을 맞추면 불가능한 일이 없어진다는 것도 알았다. 그러나 그 순간이 지나면 나는 다시 평범한 인간으로 돌아가고 머리로 생각하고 판단하는 사람으로 변신하곤 했다.

 심령과학적으로나 의학적으로 많은 새로운 진리를 발견했고, 그 지식을 이용하여 상식으로 생각하면 기적과 같은 일들을 수없이 행하곤 했다.

 그러나 어느 날 갑자기 나는 이런 생각이 들었다. 이런 속도로 변신을 거듭한다면 머지않은 장래에 내가 혹시 진짜 신선

(神仙)이 되는게 아닌가 하는 생각이었다. 많은 사람들을 접해도 전혀 피곤을 느끼지 않게 되었다.

남들이 시간과 더불어 젊어져 가고 있다고 했고, 또 내 손이 가면 사람들의 얼굴이 맑아지고 젊어지곤 했다.

인간의 두뇌는 살아있는 컴퓨터와 같고 자동장치인데, 여기에 고장이 생기면 여러 가지 난치병이 생긴다는 사실도 알았고, 외부에서 수동으로 뇌의 기능, 특히 생리적인 수명조절 시계를 조절할 수도 있다는 사실을 알았다.

이것은 너무나도 큰 발견이었다.

그야말로 경천동지(驚天動地)할 수 있는 의학적인 대발견이라고 할 수 있다. 내가 아무리 이론적으로 설명을 해도 실제로 체험하지 않고는 믿기가 어려우리라고 생각한다.

오늘 아침 나는 새벽에 눈을 뜨자 전생과 영혼에 관한 이야기들을 써야 된다는 생각이 떠올랐다.

어떤 내용을 써야 할 것인지, 눈 앞에 생생이 떠올라 왔다. 이것은 하늘이 내가 발견한 새로운 사실들을 널리 세상에 알려주라는 계시가 아닌가 생각된다.

사람의 영혼은 불멸의 존재이다. 윤회전생을 통하여 인간의 영혼은 진화 발전하고, 언젠가는 육체를 필요로 하지 않는 상념체(想念體)만의 존재가 되는 것, 이것이 인간이 나고 죽는 목적이라고 생각된다.

물론 모든 사람들이 똑바로 순조롭게 진화의 길을 가는 것은 아니라고 생각한다. 오히려 그보다는 일시적으로 퇴화하는 경우가 더 많다고 생각한다.

그러나 우주를 지배하는 세가지 법칙인 인과응보, 공존공생, 불간섭의 원칙과 그밖의 여러 가지 사실들을 널리 알려주면 많은 사람들은 퇴화의 길에서 벗어나 똑바로 영혼이 신으로 변신하기 위한 지름길을 택할 수 있다고 생각한다.

그래서 나는 그동안 20여 년에 걸쳐서 체험한 사실들과 특히 최근 3년 동안에 발견한 많은 새로운 진리를 세상에 알릴 의무가 있음을 뼈저리게 느꼈다.

또 나는 여러 가지 새로운 사실들을 발견하는 과정에서 내가 겪은 실패담도 되도록 솔직하게 적어 볼 생각이다.

나를 과대평가했던 분들은 크게 실망할지도 모르나 그래도 좋다고 생각한다.

비록 빠른 속도로 변하고는 있지만 나는 아직도 많이 미숙한 인간이고, 또 그 미숙한 것을 부끄럽게 생각하지도 않는 것이다.

나는 속세에서 수도하고 있는 하나의 인간일 뿐이며, 하늘이 허락한다면 살아서 신선(神仙)이 되든가, 못되어도 그 가까운 경지에 까지는 이르고 싶다는 소망을 갖고 있다.

그런 뜻에서 이제부터 쓰려는 이 책은 나의 숨김없는 마음의 고백을 담은 글들로 채워질 것이고 독자 여러분들이 이 책을 읽고, 마음의 양식을 얻어서 나와 더불어 인생의 고해(苦海)에서 벗어나 신선이 되는 길을 스스로 찾아내는데 어느 정도 도움이 된다면 그 이상의 다행은 없으리라 생각한다.

이로써 나의 심령관계 연구서는 모두 34권으로 완간을 보게 되리라고 생각한다.

이 책으로 영혼의 본질은 무엇이며, 전생을 알게 됨으로써 그 사람이 현재의 불행에서 벗어나는데 큰 도움이 되었으면 하는 바램이다.

저자 안동민

차 례

제1부 사람은 누구나 거듭 태어난다

어떤 악처(惡妻) 이야기 ——— 15
72번 선을 본 사나이 ——— 21
의처증 환자가 된 어느 신랑이야기 ——— 28
누구나 운명을 바꿀 수 있다 ——— 35
밤마다 누군가를 기다리는 젊은이 ——— 44
전생(前生)을 확인한다 ——— 50

제2부 전생(前生)을 본다

전생은 어떻게 알 수 있는가? ——— 59
전생은 지금 생에 어떤 영향을 미치는가? ——— 64
전생을 통해 얻는 것과 잃는 것 ——— 70
1000년 전의 인연 ——— 75
자기 처벌의 욕망 ——— 82
세번째 인연 ——— 86
동리선생과 고양이이야기 ——— 93
원효대사와 요석공주이야기 ——— 96
서왕모(西王母)이야기 ——— 101
요기 안타레스이야기 ——— 107
염력(念力)에 대한 이야기 ——— 116

차 례

청의동자(靑衣童子)이야기 —————————— 119
자살한 다르마 잉꼬이야기 ————————— 122
성원주(成願呪)의 기적 ——————————— 127
강증산(姜甑山)이야기 ——————————— 131
인도네시아의 별 —————————————— 145
연산군의 재생(再生) ———————————— 148
왕자호동(王子好童)이야기 —————————— 151
화성인(火星人) 유리마와의 만남 ——————— 157
전생에서 정사한 사람들 ——————————— 161
공항에서 만난 부부 ————————————— 168
볼리바이에서 온 사나이 ——————————— 174

제3부 인연(因緣)이라는 것

사진으로 전생(前生)을 본다 ————————— 199
캄프리박사 이야기 ————————————— 210
무당의 전생은 개였다 ———————————— 220
사내 아닌 사내 이야기 ——————————— 223
시어머니가 남편이 된 경우 ————————— 227
선악으로 판달할 수 없는 남녀의 인연 ———— 230
어이없는 이야기 —————————————— 235

차 례

남이장군 이야기 ──────── 242
어느 선장의 이야기 ──────── 247
별나라에서 온 사람들 ──────── 251
장님소녀의 기적 ──────── 254
완쾌된 백혈병 환자 ──────── 258
죽은 뒤에 만난 사람 ──────── 262
심장에 구멍이 뚫린 소년 ──────── 271
영장(靈障)과 당뇨병 환자 ──────── 275
자살하려는 사람들 ──────── 279

제 *1* 부
사람은 누구나 거듭 태어난다

어떤 악처(惡妻) 이야기

　부처님 말씀에 '길가에서 옷깃만 스쳐도 삼세(三世)에 걸친 인연이 있어야 한다'는 이야기가 있다.
　그 많은 남자들 가운데 하필 그이가 내 남편이 되었을까? 많은 여자들 가운데 그 처녀가 어떻게 내 아내가 되었을까? 하는 의문을 누구나 한번은 가져 보게 마련이다.
　결혼이란 보통 인연이 아니면 성립될 수 없다. 그런데 그렇게 맺어진 부부들이 귀여운 자녀들과 오순도순 살다가 어느 날 갑자기 파탄이 오는 경우가 있다.
　그런 경우들을 차례로 소개해 볼까 한다.
　지난 6년 동안, 나는 심령과학 시리즈를 12권이나 집필했고, 그 덕분에 많은 사람들을 알게 되었다.
　서울은 말할 것도 없고, 지방에서도 매일같이 많은 사람들이 나를 찾아오고 있다.
　얼마 전 일이다.
　충청도 K고을에 사신다는 노부인이 아들을 앞세우고 나를 찾아왔다. 노부인은 한숨부터 내쉬더니 핸드백에서 사진을 꺼

내들었다.

　젊은 남녀의 결혼사진이었다.

　"아드님 내외 사진이군요."

　"그렇답니다. 헌데 지금은 함께 살고 있지 않습니다."

　"손녀가 있으신 것 같은데요."

　"맞습니다. 용하게 아시는군요. 그런데 며늘아이가 손녀를 낳고는 이렇다 할 이유도 없이 친정으로 간 뒤로 종무소식입니다. 몇 번이나 사람을 시켜서 데려오려고 했으나 돌아오지 않을 뿐 아니라 아들의 있지도 않은 험담을 하고 다녀서 우리는 이혼을 시키기로 했었죠."

　"그래서요."

　"그런데 막상 이혼수속을 하려고 하니까 그 애가 우리 아들도 모르게 결혼신고를 했더군요. 그래서 우리는 하는 수 없이 결혼 무효소송을 했고, 그 결과 재판에는 이겨서 결혼은 무효가 되었으나 위자료로 1천 5백만원을 지불해 주라는 판결이 내렸어요. 그 애는 아들의 봉급을 차압했습니다. 아무리 말세(末世)라고는 하지만 세상에 이런 경우가 어디 있습니까?"

　"아드님에게는 아무런 잘못이 없으시단 말씀이군요?"

　"그야 물론이죠. 우리 애는 학교 선생으로서 여지껏 여자문제라고는 일으켜 본 일이 없는 아이입니다. 선생님께서는 사진만 보고 전생(前生)에서의 인연을 아신다고 해서 이렇게 찾아온 것 입니다."

하고 노부인은 수건으로 흐르는 눈물을 닦았다.

　나는 두 남녀의 결혼식 사진을 앞에 놓고 공심(空心)의 상태로 돌아갔다.

　이것은 지금부터 2백여년 전, 충청도 어느 고을에서 있었던 일이다.

　그날 밤, 홍진사(洪進士)의 집은 발칵 뒤집혔다. 남편의 지극한 사랑을 독차지하려고 본부인을 독살하려던 첩이 사전에 발각되어서 친정으로 쫓겨가게 된 것이었다.

　"내 저를 지극히 아끼고 사랑해 주었거늘 이에 만족하지 않고 큰 부인을 독살하려고 하다니 정말 가증스럽구나. 그런 줄 몰랐으면 모르거니와 안 이상에는 잠시라도 내 집에 둘 수 없으니 이 길로 친정으로 돌아가도록 하라."
하는 추상과 같은 홍진사의 명령에 첩은 한마디 말도 하지 못하고 쫓겨나고만 것이었다.

　그래도 홍진사는 지난 정을 생각해서 첩에게 주었던 패물들이며 그밖의 값진 것들을 그대로 가져 가게 했고, 의식주에는 걱정이 없도록 해주는 것도 잊지 않았다.

　동네에서는 홍진사의 너그러운 처사에 칭송이 자자했다.

　관가(官家)에 고발하지 않고 친정으로 쫓아 보내기만한 홍진사를 두고 사람들은 모두 너그러운 분이라고들 했다.

　"두 아내를 거느리기에는 나는 덕(德)이 부족한 사람이오. 앞으로는 다시 첩을 두지 않으리다."
하고 홍진사는 부인 앞에서 맹세까지 했다.

　그런데 첩을 내쫓은 지 사흘째 되던 날 밤, 홍진사의 집에서는 다시 한번 큰 소동이 벌어졌다.

　어느새 돌아왔는지 밤 사이에 담을 넘어 들어온 첩이 대청의

대들보에 목을 매어 죽은 시체로 발견되었기 때문이었다.
　곁에는 언문〔한글〕으로 적은 유서가 놓여 있었다.
　〈영감은 보십시오. 소첩은 원한을 품고 이댁 귀신이 됩니다. 이번에는 이렇게 가지만 후생(後生)에는 반드시 영감의 정실부인(正室夫人)이 되어서 이 원수를 꼭 갚겠으니 그리 아십시오.〉
　끔찍스러운 내용이 담긴 유서였다.
　이 사건 때문에 받은 충격으로 본부인은 실성을 했고, 끝내 제정신을 찾지 못한채 죽고 말았다. 한꺼번에 두 아내를 잃은 홍진사도 폐인이 된 것이나 다름이 없었다.
　70에 운명하게 되기까지 홍진사는 다시 재혼하지 않았고, 이때부터 홍씨네 후손들은 첩을 얻어서는 안된다는 가훈(家訓)을 지키게 되었다.
　"그 때의 홍진사가 바로 노부인의 아드님인 것 같습니다. 또 자결한 첩이 다시 태어난 것이 며느님이구요."
　"알겠습니다. 선생님 이야기를 들으니 모든 의문이 풀어집니다. 그러면 어떻게 했으면 좋겠습니까?"
　나는 녹음기를 꺼내서 녹음을 했다. 결혼사진을 보고 영사(靈査)한 결과를 이야기하고 간곡하게 타이르는 이야기도 녹음했다.
　"부인께서 제가 한 이야기를 꼭 믿으라는 것은 아닙니다. 하지만 제가 영사한 것이 맞는다면 부인의 여지껏의 모든 행동은 타당하게 설명됩니다. 부인은 전생에 홍진사의 첩으로서 본부인을 독살하려고 했습니다. 이것이 첫번째 원인입니다. 그러나 부인은 자기 자신의 잘못에 대해서 전혀 반성을 하지 않고 남편을 저주하면서 자살했습니다. 이것으로써 부인은 전생(前生)에서 두가지 큰 죄를 지었습니다. 그리하여 다시 태어난 부인은 전생의 남편이었던 남자와 다시 결혼했습니다. 이번에는 첩이 아니고 정실부인이 된 것입니다.

 이것으로 부인은 만족할 수도 있었습니다. 허나 부인의 잠재의식 속에 뿌리박힌 저주와 원망은 너무나도 컸습니다. 부인은 상식적으로 도저히 이해할 수 없는 행동을 했습니다. 부인은 지금의 남편을 저주하고 있습니다. 허나 남편은 전혀 잘못이 없습니다. 부인이 남편을 저주하고 미워할 때, 부인의 마음도 편치 못할 것입니다. 남을 죽이고자 하는 사람은 자기가 들어갈 무덤부터 파는 법입니다. 설사 부인의 복수가 성공했다고 합시다. 그러면 다음 번 세상에는 남편에게서 다시 보복을 받게 될 것입니다. 이런 악순환은 끝없이 계속될 것입니다. 이 악순환을 용단과 사랑으로 끊으십시오. 그렇게 하면 부인은 지옥에서 스스로를 해방시키게 됩니다. 서로가 기억하지도 못하는 전생(前生)에서의 원한 때문에 자신의 소중한 일생을 파멸시킨다는 것은 분명히 어리석은 짓입니다. 제 이야기를 명심해서 거듭 들어 보세요."

 대략 이런 내용이 담긴 녹음이었다.

 노부인은 고맙다고 인사를 하고 돌아갔다.

 그뒤 얼마가 지난 뒤였다.

 불행한 남편의 여동생에게서 편지가 왔다. 대략 이런 내용이었던 것으로 기억된다.

 "새언니가 녹음을 듣고 태도가 완전히 바뀌었습니다. 자기가 잘못했다며 울면서 사과를 했습니다. 앞으로는 좋은 아내가 될 테니 제발 버리지 말라고 했습니다. 하지만 우리 집안에서는 지난 3년동안 새언니 때문에 너무나도 혼이 나서 다시 집안으로 맞아들일 생각이 없습니다. 어쩌면 선생님 댁도 찾아갈지도 모릅니다. 어떻게 해서든 설득을 해서 오빠와 헤어지게 해 주십시오. 오빠가 정말 불쌍합니다. 부탁드립니다."

나는 생각했다.

이미 두 사람 사이에는 귀여운 딸이 있지 않은가. 자식은 친부모가 길러야 하는 법, 진정으로 후회하고 뉘우친 것이라면 다시 맞아들여서 한번만 더 기회를 주는게 옳지 않은가.

인과(因果)의 법을 초월할 수 있는 것은 사랑밖에는 없지 않을까.

나만 해도 당사자가 아니기 때문에 이런 생각을 한 것인지는 모르겠지만 이들 젊은 부부가 부디 새로운 출발을 통해 전생(前生)에서의 모든 나쁜 인연을 스스로 불사르고 복된 출발을 하라고 다시 권하고 싶다.

72번 선을 본 사나이

　근대(近代) 정신분석학의 이론을 처음으로 세운 사람이 유명한 지그몬드 프로이트 박사다.
　프로이트의 이론에 의하면 인간의 마음은 현재의식(現在意識)과 잠재의식(潛在意識)과 초자아(超自我)로 이루어져 있다고 한다.
　사람의 행동 동기는 모두가 잠재의식과 초자아에 그 원인이 있다고도 한다. 전생(前生)에서의 기억은 '초자아'를 형성하는 것이라고 생각한다.
　그 뿌리를 드러내 밝혀주는 순간, 사람은 꿈에서 깨어난 것처럼 병적인 정신상태에서 해방되는 것이다.
　세상에 흔한게 처녀요, 총각이다. 그러나 막상 현실 세계에서 자기의 이상에 맞는 배우자를 고르기란 결코 쉬운 일이 아니다.
　옛날에는 나이가 차면 부모님들이 앞장서서 배우자를 구해 주셨고, 큰 결점이 없는 한 짚신에도 짝이 있다는 식으로 총각이나 처녀로 늙는 경우는 드물었다.
　심지어 총각이나 처녀로 죽은 이들은 나름대로 영혼결혼식

까지 해 주었으니 참으로 기찬 세상이었다.

그런데 요즘은 당사자가 변변치 못하면 장가 시집가기가 여간 힘들지가 않다.

옛날에는 그토록 반대했던 연애결혼, 요즘 부모들은 연애라도 해서 제 짝을 골라 주었으면 오죽이나 좋겠느냐는 푸념까지 하게 되었다.

얼마 전, 울산 공업단지에 있는 H회사에서 중견사원으로 있는 한 젊은이가 나를 찾아왔다.

키가 훤칠하게 크고 어디로 보나 잘 생긴 젊은이었다.

"선생님이 쓰신 〈심령치료〉와 〈심령진단〉을 읽고 찾아왔습니다. 저는 올해 서른 넷인데 아직 결혼을 못했습니다. 회사에서도 남들이 부러워하는 자리에 앉아 있고, 생활도 궁색하지 않습니다. 한데 결혼 운이 없나 봅니다."

나는 젊은이의 얼굴을 텅빈 마음으로 지켜보았다.

내가 그의 얼굴을 지켜보는 동안 이상한 일이 일어났다.

그의 얼굴이 물 위에 비친 그림자처럼 흔들리더니 그 안에서 쪽진 젊은 여인의 얼굴이 잠시 나타났다가 사라졌다.

여자의 영혼이 빙의(憑依)되어 있는게 분명했다. 누군가를 간절히 그리워하는 커다란 두 눈이 나에게 무엇인가 호소하는 듯 했다.

다시 정신을 차려보니 침통한 표정의 젊은이가 내 앞에 앉아 있을 뿐이었다.

"예삿일이 아니로군. 젊은 여자의 죽은 영혼이 몸에 붙어 있어서 결혼을 방해하고 있군요."

하고 나는 혼잣말 하듯 중얼거렸다.
 "네, 그러실 줄 알았습니다. 귀신이 붙지 않고서야 그렇게 일이 매번 배배 꼬일 수는 없지요? 그런데 제가 몇 번이나 선을 본지 아십니까. 자그마치 일흔 두 번이나 선을 보았습니다. 그런데 그때마다 매번 이상하게 실수를 해서 혼담(婚談)이 깨어지곤 했지요. 이러다가는 영 결혼을 못하고 말 것 같습니다. 제가 외아들인데 부모님에게 큰 죄를 짓는 셈이죠."
 "혹시 과거에 여자를 사귀었다가 헤어진 일이 있습니까?"
 "없습니다. 제가 이런 말을 하면 선생님도 믿기 어려우시겠지만 저는 여지껏 그 흔한 연애 한번 해 보지 못했습니다."
 "그렇다면 젊은이의 전생(前生)에 문제가 있는게 분명합니다." 하고 나는 그의 간뇌(間腦)에 기록되어 있는 과거의 이야기를 들려주었다.

 "내가 서울에 가서 한밑천 마련하면 꼭 데리러 올테니 언년이는 어머니 모시고 잘 있어야 한다."
 순돌이는 눈물짓는 젊은 아내에게 이렇게 타이르고 박석고개를 넘어 갔다.
 젊은 아내는 서울간 남편에게서 소식이 오기만을 기다렸다. 그러나 1년이 가고 2년이 지나 5년이 지나도록 남편에게서는 아무 소식이 없었다.
 그런 후 난리가 났다. 임오군란(壬午軍亂)이었다.
 서울에서 피난내려 온 사람들 소식 편에 언년이는 시구문 밖에서 남편을 보았다는 이야기를 들었다.

서울에서 다시 새장가를 들어서 사는 것 같더라는 이야기였다. 언년이는 그만 눈 앞이 캄캄했다.
　5년 동안이나 눈이 빠지게 기다리던 남편이었다. 설마 남편이 자기를 버리고 다른 여자를 얻었으리라고는 꿈에도 생각해 본 일이 없었기 때문이다.
　그날 밤, 언년이는 시어머니에게 오랜만에 흰 밥을 지어서 정성껏 저녁 상을 올렸다.
　언년이는 동구(洞口) 앞으로 나갔다.
　동구 앞에 가면 서울로 가는 박석고개가 나타난다.
　남편과 헤어지던 곳이다. 고개 앞에는 커다란 당산나무가 서 있었다.
　당산나뭇가지 사이로 둥근 달이 걸려 있고, 어디선가 개짖는 소리가 들리는 조용한 밤이었다.
　"여보, 어쩌면 그럴 수가 있어요. 이렇게 저는 당신만 기다리고 있는데 새장가를 들다니! 아니 저는 죽어서라도 당신을 차지해야겠어요."
하고 언년이는 달을 보며 통곡했다.
　이튿날 아침, 당산나무에 목을 맨 언년이의 시체가 동네 사람들에게 발견되었다.
　"그러니까 제가 전생에서 아내를 버렸단 말씀이로군요."
　"그런 것 같습니다."
　"하여튼 이상합니다. 제가 이번에는 꼭 성사를 시켜야겠다고 결심을 했다가도 꼭 실수를 한단 말입니다."
하고 젊은이는 한숨을 쉬었다.

"가령 한가지 예를 들면 이런 실수를 한단 말이예요"
하고 그는 다음과 같은 이야기를 들려주었다.

"애 오늘 점심시간에 아리사 다방으로 꼭 나와야 한다. 또 실수하지 말고."
"네, 염려마세요."
"너 오늘이 몇번째로 선을 보는지 아느냐?"
"일흔 두번째죠."
"알기는 아는구나. 내가 그동안 열명도 더 중매를 서서 결혼을 시켰다만 너 같은 경우는 처음이다. 이번에 실패하면 다시는 색시감 소개해 달라는 말을 해서는 안된다."
"알았습니다. 제가 꼭 나가겠습니다."

고모에게서 온 전화를 끊고 준호는 안주머니에서 색시감의 사진을 꺼내 보았다. 시원스럽게 벗겨진 이마하며 서글서글한 두눈, 총명한 인상을 주는 잘 생긴 처녀였다.

학교도 서울 E여대 출신이고 집안도 좋았다. 여지껏 본 중에서 제일 마음에 드는 처녀였다. 웬만하면 오늘 아주 선 보는 자리에서 결정을 해야겠다고 그는 생각했다.

그런데 점심시간이 가까워서였다.

같은 사무실에서 근무하는 타이피스트인 경옥이가 생글생글 웃으면서 곁으로 다가오더니,

"준호씨 오늘 제가 점심을 사드렸으면 하는데 어떠세요!"
하는게 아닌가?

"오늘이 무슨 날인데?"

"오늘이 제 귀빠진 날이거든요. 늘 준호씨 신세만 져서 한턱 내려구요."

"그럽시다. 그거 어려운 일 아니죠."

하고 그는 선선이 대답했다. 12시 정각에 맞선을 보기로 한 것이 어째서 생각이 나지 않았던 것인지 정말 이상한 일이 아닐 수 없었다.

그들은 나란히 회사에서 나와 다방 겸 경양식 집인 '아리사'로 향했다.

둘이는 구석진 자리에 앉아서 음식을 주문했다. 음식을 들면서 한참 재미나게 이야기를 나누고 있는데, 앞에서 누군가 자기를 노려보고 있는 것 같은 느낌이 들어서 준호는 고개를 들었다.

얼굴이 새파랗게 질려서 자기를 잔뜩 노려보고 있는 고모의 시선과 마주친 순간, 준호는 정신이 번쩍 들었다.

바로 이곳에서 선을 보기로 약속했던 게 생각이 났기 때문이었다. 시계를 보니 12시 20분이었다.

"고모님!"

"얘, 나좀 보자!"

준호는 어찌된 영문인지 몰라서 어리둥절해진 표정으로 자기를 지켜보는 경옥이 앞에서 일어나 고모님 곁으로 걸어갔다.

"고모님 죄송합니다. 약속을 잊어서……"

"네가 정신이 있는 애니? 나를 이렇게 망신시킬 수가 있니? 하필이면 선을 보기로 한 곳에 다른 여자와 함께 와서 식사를 하다니!"

다음 순간, 준호는 눈 앞이 번쩍했다. 장갑을 낀 손으로 고모가 뺨을 때린 것이었다.

"색시 댁에게 이런 실례가 어디 있나? 너 다시는 색시감 소개해 달라는 소리 하지도 말아라!"

고모는 뒤도 돌아보지 않고 바깥으로 나가고 말았다. 다시 자리에 돌아온 준호에게 경옥이가 물었다.

"그분이 누구신데 준호씨 뺨을 때리셨죠?"

"내가 맞아도 마땅한 짓을 한 거요. 그분은 고모님이고 오늘 맞선을 보기로 한 것인데 내가 그만 약속을 잊었지 뭐겠소."

"어머나!"

경옥이는 놀란 표정으로 준호를 지켜보았다.

"상대편 아가씨에게 큰 실례를 했군요. 약속이 있다고 하셨으면 제가 모시고 나오지 않는 건데."

"아니 경옥씨에게는 아무런 잘못이 없어요."

"하지만 저라도 이런 경우라면 준호씨를 용서할 수 없을 거예요."

하고 경옥이는 어이없다는 듯 준호를 똑바로 바라보는 것이었다.

"내 처방은 이렇습니다. 서너 번 시술을 받고 제령을 합시다."

백일이 지난 뒤, 그 젊은이는 나를 찾아왔다.

예정대로 제령은 잘 되었다.

올 가을 쯤에는 결혼한다는 소식이 올 것 같은데 그에게서는 아직 아무런 연락이 없다.

의처증 환자가 된 어느 신랑이야기

주간지에 실린 〈방랑 4차원(放浪四次元)〉을 읽었다면서 젊은 부인이 나를 찾아온 일이 있었다. 손위 시누이와 함께 말이다.

"저는 결혼한 지 두달 밖에 안되었습니다. 헌데 남편이 어찌나 저를 의심하는지 이대로는 도저히 살수 없을 지경입니다. 하루종일 곁에 붙어 있어야 하고, 심지어는 사소한 일로 저를 때리기까지 합니다."

"남편의 직업이 무엇인가요? 나이는 몇 살이구요?"

"직업은 상업이고 나이는 서른 네살입니다. 요즘에는 점포에도 나가지 않습니다. 이대로 길고 긴 일생을 함께 살아갈 생각을 하면 정말 눈앞이 캄캄합니다. 결혼한다는 것은 모르는 남남끼리 서로 의지하고 믿고 사랑하면서 살아가는 뜻이 있지 않습니까?"

하고 젊은 새댁은 눈물을 지었다.

"남편의 사진을 가져 오셨나요?"

"네, 여기 있습니다."

하고 부인은 칼라로 찍은 결혼사진을 내보였다.

사진을 본 순간이었다. 사진 속의 신랑 얼굴이 쪽진 노파의 얼굴로 변해 보이는게 아닌가!

"알았습니다. 두분은 전생에서는 시어머니와 과부 며느리였었군요."

"그럼 저의 남편이 전생에서는 여자였었다는 말씀인가요?"
하고 새댁은 두 눈을 크게 떴다.

나는 두 사람에 대한 영사(靈査) 결과를 다음과 같이 들려주었다.

"지금부터 약 백년 전, 경기도 용인에 쌍과부가 의좋게 사는 집이 있었습니다. 시어머니도 며느리도 모두 젊어서 과부가 되었고, 며느리에게는 그나마 자식도 없었습니다. 두 사람은 다 같이 바느질 솜씨가 좋아서 일이 많았지요. 시어머니는 며느리를 극진히 사랑했고요. 일찍 과부가 되어 혼자 늙어가는 며느리가 불쌍하기도 했지만, 혹시 홀아비의 눈에 띄어서 보쌈이라도 당할까봐 항상 불안했어요."

"나는 네가 나를 버리고 다른 데로 시집갈까 그게 늘 걱정이다."
하는 말을 항상 입버릇처럼 했습니다.

"아이 어머님도 끔찍스러운 말씀도 하시네요. 제가 어머니를 버리다니 벼락을 맞지요. 저는 어머님 모시고 이대로 사는게 좋습니다. 어머님이 돌아가시고 저도 늙으면 양자라도 들여서 의지하고 살면 될게 아니겠어요."
하고 며느리는 자기를 의심하는 시어머니가 여간 원망스럽지 않았습니다.

"내가 남자고 네가 내 댁이라면 얼마나 좋겠냐. 여자끼리 함께 산다는 것은 정말 못할 짓이로구나. 다음 세상이 있다면 내가 네 남편이 되어 주겠다."
"어머님도 점점 이상한 말씀만 하시네요."
하고 며느리도 빙그레 웃었습니다. 허나 그 웃는 얼굴은 우는 얼굴보다도 더 슬퍼 보였지요.

"언니 나 아무래도 파혼해야 할까봐!"
하고 인옥은 심각한 표정을 지었다.
"애, 너 미쳤니? 약혼한 지 한달도 안되어 파혼을 할거면 애당초 약혼을 하지 말았어야지. 도대체 이유가 뭐니?"
"언니, 나는 심각하우. 그이가 나를 의심하지 않우. 어저께 사무실에 전화를 걸어왔는데 내가 없었거든. 그때가 저녁 때였우. 내가 웬 놈팽이하고 틀림없이 여관에 갔을 거라구 근처 여관을 전부 뒤졌다지 워에요. 평소부터 잘 아는 K여관 직원이 알려줘 안 일이지만 이런 망신이 어디 있우?"
"그러니까 의처증 증세가 있는 게로구나."
"있는 게로구나가 아니라 바로 의처증인게 분명해요."
"그거야 너를 지극히 사랑해서 그런게 아닐까? 서른 네살 노총각이 이제 겨우 장가들게 되어서……"
"말이 안돼요. 사랑하면 믿어야죠? 난 아무래도 파혼하는게 좋을 것 같우."
하고 인옥은 한숨을 쉬었다. 허나 부모님은 적극 반대였다. 남자도 아니고 여자가 약혼까지 했다가 파혼을 한다는 것은 결혼했다가 이혼하는 것이나 다름이 없다는 얘기였다.

　나이는 좀 많지만 술 담배도 안하고 근처 이웃들에게는 착실하기로 소문난 젊은이요, 비록 규모는 크지는 않지만 작은 점포도 갖고 있고 이런 자리를 마다해서야 말이 안된다는 얘기였다.

　인옥이 밑에는 아직 시집 안간 동생들이 주렁주렁 기다리고 있는데 큰 딸에게 차질이 생긴다면, 앞으로 동생들 혼사(婚事)에도 큰 지장이 있다는 부모님 말씀에 인옥은 내키지 않는 결혼식을 올려야만 했었다.

　막상 결혼을 하고 보니 또 새로운 문제가 생겼다. 깡마른 체격인 데다가 몸집도 작은 신랑의 몸에서 웬 정력이 그렇게 샘솟듯 솟아나는지 도대체 밤마다 잠을 재우려고 들지를 않았다.

　인옥이 조금이라도 지친 기색만 보이면,

　"자기 좋아하던 남자가 따로 있는 것 아냐?"

하고 화를 내는 것이었다.

　"물론 당신이 저를 사랑하시는 것은 좋지만 모든 게 정도라는게 있지 않아요. 이러다가 당신 앓아눕게 될까봐 걱정이 되어서 그러는 거예요. 또 가게에도 나가셔야 할거구요."

　"이것 봐, 나는 인옥이와 결혼하기 전까지 숫총각이었어. 나는 다른 사람들처럼 바람 한번 피워본 적이 없는 사람이야. 남편이 아내를 사랑하는게 뭐가 잘못이야. 그까짓 가게야 얼마동안 문을 닫아도 돼. 한달쯤 쉰다고 밥 굶게 되는 건 아니잖아."

　아예 이것은 사람이 아니라 '웃도세이'(물개)가 아닌가 싶었다. 그 깡마른 몸의 어디에서 그런 왕성한 정력이 솟는지 인옥은 아침이면 하늘이 노랗게 보이곤 했다.
 남들이 꿀맛 같다는 신혼생활이 인옥에게는 즐거움이 아니라 지옥과 같은 고통의 연속이었다.
 남편은 아내가 자기와 같이 부부생활을 즐기지 않는다고 결혼 전에 남자가 있었던 것이 아니냐고 들볶아 댔다. 없다고 하니까 나중에는 실토를 하라고 때리기까지 했다.
 아무 데도 나가지 못하게 했다. 어쩌다 잠시 집을 비우면 남편은 근처 여관에다 전화를 걸어서 점검을 하곤 했다.
 아무리 자기의 결백을 주장하고 사실을 있는 그대로 이야기해도 끝내 믿어주지 않는 남편이 그저 한없이 멀게 느껴지기만 했다.
 손위 시누이에게 의논했다.
 "그러니까 그 애가 틀림없는 의처증에 걸린 것 같아. 내가 어디서 얼핏 들은 바에 의하면 일종의 정신병이라던데 병원에 가 보는게 어떨까?"
하고 걱정을 해 주었다. 그날 밤 인옥은 남편에게 조심조심 얘기를 꺼냈다가 난리가 나고 말았다.
 "뭣이 어째? 나를 정신병원에 데리고 가겠다고? 나를 의처증 환자라고. 알았어. 나를 정신병원에 가두고 마음껏 놀아나겠다, 이 말이지?"
 "그런게 아니래두요. 요즘 당신의 행동은 분명히 정상이 아니예요. 저를 의심하는 것도 문제지만 그렇게 체력(體力)을 소모해서야 항우장사도 못견딜 거예요. 이건 분명히 어디가 잘못되어도 크게 잘못된 거예요."
 "야, 이년아! 귀여워 해주니까 나중에는 못할 말이 없구나!

나는 남들과는 달라. 나는 지난 34년 동안 여자 근처에도 가본 일이 없는 사람이야. 다른 놈들처럼 정력을 낭비한 일이 없어. 한두 달쯤은 문제가 아니야. 남편이 아내를 사랑하는데 앙탈이 무슨 앙탈이냐!"
하고 눈에서 불이 번쩍 나게 따귀를 맞아야만 했다.
　남편이 덤벼들수록 인옥의 마음은 싸늘하게 식어가기만 했다.
　남들이 모두 좋아한다는 부부생활이 인옥에게는 오직 역겹고 고통스럽기만 했다.
　아내가 흥분하지 않는다고 마음속으로 딴 사내를 생각하기 때문이라고 입에 거품을 물면서 대드는 남편이 인옥에게는 짐승 같게만 느껴지는 것이었다.
　인옥은 이렇게 생각하는 자기 자신이 그저 서글프기만 했다. 그래서 남편을 기쁘게 해주려고 어떤 때는 거짓 신음소리를 내보기도 했다.
　"고마워! 당신이 이렇게 기뻐하니, 나는 끝내 사내구실을 못하는 줄 알았지. 도대체 여자 경험이 있어야 어떻게 다루면 되는지 알 수가 있어야지."
하고 남편은 울기까지 했다.
　그 순간 인옥은 처음으로 남편이 불쌍하다는 생각이 들었다. 핼쓱하게 여윈 남편의 얼굴이 찌든 노파의 얼굴처럼 보인 것은 무슨 까닭이었을까? 생각하면 이상한 일이 아닐 수 없었다.
　서른 네살까지 숫총각이었다는 남편의 말은 믿어도 좋을 것 같았지만 이렇게 정력이 왕성한 사람이 여자없이 살아온게 이상하기만 했다.

두 사람은 열렬히 사랑해서 결혼한 사이도 아니었다. 주위 사람들의 권유로 맞선을 보고 한달 가량 교제를 하다가 결혼한 사이었다.

그런데 남편의 자기에 대한 집착은 너무나 병적이었다.

인옥은 철이 들면서 자기가 미인이라고 생각해 본 일은 한번도 없었던 여자였다.

길에서 얼마든지 볼 수 있는 평범한 여자일 뿐이라고 생각해 왔던게 사실이다. 그래서 처녀시절에도 자기에게 접근해 온 남자가 없었던 것이라고 때로는 서글프게 생각했었다.

그런데 남편이 자기를 보는 눈은 그렇지가 않은게 분명했다. 모든 남자들이 인옥에게 탐을 낼 것으로 생각하는 모양이었다.

"그러니까 전생(前生)에서 과부가 된 시어머니가 이 역시 과부가 된 며느리와 함께 살면서 늘 며느리가 자기를 버리고 떠날까봐 불안했던 것이 잠재의식에 남아 있는 것 같습니다. 부인의 남편은 전생에 여자였고, 또 지금 과도하게 부부생활을 요구하는 것은 스스로 남자라는 것을 확인하려는 욕구 때문이 아닌가 싶군요."

다음날 그들 부부가 나를 찾아 왔다.

나에게 자세한 이야기를 듣고 남편은 무엇인가 크게 깨닫는 듯 했다.

그뒤 그들 부부는 원만치 않으면 다시 찾아오겠다고 했는데 그뒤 반년이 넘도록 아무런 소식이 없다.

누구나 운명을 바꿀 수 있다

나는 인간에게 분명히 숙명(宿命)이라는 것은 있으나, 운명은 미리 완전히 정해진 것이 아니고 반쯤 정해진 것에 지나지 않으며 자기 자신의 노력에 따라서 어느 정도 바뀔 수도 있는 것이라고 생각한다.

그러면, 우선 숙명에 대한 정의부터 내려보기로 하겠다.

이 우주에는 많은 종류의 생명체(生命體)가 가득 차 있다. 숙명이라는 것은 이미 자기의 의사나 노력만 가지고는 어쩔 수 없는 그야말로 미리 정해진 운명의 조건을 뜻하는 것이라고 보면 과히 틀리지 않을 것이다.

우선 이 은하계(銀河系)의 수많은 별들 가운데 지구에 태어났다는 것을 들 수가 있고, 그 중에서도 사람으로 태어났다는 사실을 잊어서는 안된다.

다음은 어느 나라, 어느 시대, 어느 가정의 남자 또는 여자로 태어난 것, 이것이 내가 생각한 숙명의 테두리다.

이것은 수없이 많은 생애를 통해 얻어진 결과이기 때문에 자기가 태어나기 이전의 행위가 원인이 된 것이며, 우리로서는 어쩔 수 없는 자연조건이 아닐 수 없다. 그러나 운명은 내가 하기에 따라서 또 가까운 이웃의 영향에 따라서 얼마든지 바뀔 수 있는 것이다.

여기에 대하여 나의 체험담을 몇가지 소개해 볼까 한다.

〈첫번째 이야기〉

내가 출판사를 경영하고 있었을 때의 일이다.

하루는 차를 타고 지금은 없어진 을지극장 골목 앞을 지나는데(그때 시간이 밤 8시쯤이 아니었던가 생각된다) 얼른 보니 길거리에서 몹시 술에 취한 남자가 택시를 잡으려고 이리 뛰고 저리 뛰면서 애를 쓰고 있었다.

내가 보니 그는 그곳에 그대로 있다가는 앞으로 1시간 내에 큰 교통사고를 당해 생명이 위험하게 되리라고 생각되었다.

누군지는 알 수 없으나 그가 책임지고 있는 부양가족은 12명이나 된다는 느낌도 함께 들었다.

나는 기사에게 차를 멈추라고 했다.

"사장님, 왜 그러십니까?"

"저 사람 좀 태워줍시다."

"아니, 무슨 말씀을 하시는 겁니까? 우리 차는 택시가 아니지 않습니까? 더구나 술취한 사람을 태워주었다가 유리라도 깨면 어찌시려구요."

"내가 지금 저 사람을 여기 두고 가면 앞으로 1시간 내에 교통사고를 당할 것 같고, 더구나 부양가족이 12명이나 되는 것 같단 말이요."
"사장님도 참 이상하시군요. 바쁜데 그냥 가시지요."
"이봐요, 이기사! 다른 사람은 몰라도 내가 보기에는 저 사람은 틀림없이 사고를 당하게 되어 있는데 그것을 알고도 구해주지 않고 그냥 간다면 하느님 앞에 내가 큰 죄를 짓게 되는거요. 이기사가 정 내 말을 안듣겠다면 당장 회사를 그만 둬요."
하고 나는 강경하게 말했다. 그제서야 기사는 할 수 없는지 차를 세웠다.
웬 자가용이 자기 앞에 와서 멈추면서 타라고 하니까 술 취한 사람은 얼른 타면서도,
"이 차 영업행위 하는 거요?"
하고 시비를 걸었다.
"아닙니다. 뉘신지는 모르지만 택시를 잡으려고 몹시 애쓰시는 것 같아 그냥 모셔다 드리는 겁니다. 그런데 가족은 몇이나 되시죠?"
하고 물었다.
"나 이래 보여도 부양가족이 많습니다. 자그마치 열 두명, 나까지 합해서 열 세명인 셈이죠."
그 말에 기사는 멋쩍게 씩 웃었다.
"그봐요. 내 말이 맞지 않소."
이야기를 들어보니 그는 얼마 전까지만 해도 꽤 이름을 날렸던 권투선수였었노라고 했다.
스카라 극장 뒷골목에서 나는 그를 내리게 했다.
"왜 집까지 좀 데려다 주시지."

"글쎄 그랬으면 좋겠지만 나는 바쁜 사람입니다. 또 선생은 위험지역을 벗어났으니까 내려주셔야겠어요."

그는 나의 이야기가 무슨 뜻인지 전혀 알아듣지 못하는 눈치였으나 나로서는 최선을 다했으니 사뭇 마음이 홀가분 했다.

그 남자는 그 시간 그곳에서 교통사고를 당할 운명이었으나 그 운명이 바뀐 것이라고 생각한다.

〈두번째 이야기〉

해마다 예비고사와 대학입시 시즌이 되면 많은 수험생들이 나를 찾아오곤 했다.

나는 점술가(占術家)가 아니기 때문에 그때마다 친절하게 대하기는 하지만 어느 학교를 택하라고 하는 이야기는 일체 하고 있지 않다.

그런데 지금부터 10년 전 일이었다.

전에도 온 일이 있는 학생이 김장환(가명임)이라는 친구를 데리고 왔다.

대학시험을 보기 전에 유명한 점쟁이를 찾아가 보았더니 1차는 물론이고 2차도 합격이 될 수 없다는 이야기를 듣고 몹시 낙담하고 있어서 데리고 왔다는 이야기였다.

고등학교 성적도 좋고 예비고사 성적도 좋았지만 그런 이야기를 듣고 보니 자신이 서지 않는다는 학생에게 나는 이렇게 이야기했다.

"학생을 보니 콩팥〔신장〕이 안 좋아서 건망증 증세가 있는 것 같아. 체질개선 시술을 받으면 1차는 몰라도 2차는 틀림없이 될 수 있을테니 어디 한번 해보지 않겠나?"
하고 권해 보았다.
　그래서 그랬던지 1차로 본 서울대는 낙방했지만 2차로 본 E대학 경영학과에는 합격했다.
　"본인이 용기를 내어 최선을 다한 때문이지 나야 뭐 크게 도운게 있나?"
하고 나는 인사 온 김군에게 이렇게 말했다.
　그런데 신학기가 시작된 지 얼마 뒤였다.
　김군을 소개해 준 학생이 또 다시 나를 찾아 왔다.
　"장환이가 학교에 등록을 한 뒤에 자퇴를 하고 재수(再修)를 하겠답니다. 내년에 다시 서울대 시험을 보겠다면서 그 누구의 말도 들으려고 하지를 않습니다. E대학에 들어간 것만도 얼마나 다행스럽습니까? 저는 거기도 안되었거든요."
하고 멋쩍게 웃었다.
　다음 날, 김군이 또 다시 나를 찾아 왔다.
　나는 그를 앞에 놓고 집안 식구들을 간접 영사(靈査)해 보았다.
　"내가 보니 아버지께서는 혈압이 높으시고 어머니도 십이지장이 안 좋으신 것 같은데, 이대로 방치해 두면 내년 7, 8월경에 아버지가 쓰러지셔서 돌아가시든지 아니면 반신불수가 되어 직장에서 은퇴하시겠네. 그렇게 되면 김군은 대학 갈 기회가 영 막힐 것 같아. 지금 그대로 E대학에 다니면 고학(苦學)이라도 해서 대학을 졸업하겠지만 그렇지 않으면 영 기회가 없을 것 같군. 그러니 내일 부모님 사진을 가져 와 보지. 그러면 아버지, 어머니에 대해서 좀 더 정확한 이야기를 해줄 수 있을 거야."
라고 말해 주고는 그날은 그냥 돌려 보냈다.
　다음 날, 김군은 부모님의 사진을 가지고 왔다.
　"아버지는 평상시 혈압이 100에서 140이고, 조금 안 좋으시면 120에서 180, 아주 안 좋으실 때는 200을 넘는 것 같아. 그리고 어머니는 십이지장 궤양인 것 같군."
하고 나는 수치를 종이에 적어 주고 아버지에게 여쭈어 보아서 맞으면 7, 8월경이 위험하다는 내 말을 비춰주라고 말했다. 그러면서,
　"E대학을 졸업하고 대학원은 서울대를 택하는 것이 아무래도 현명한 처사일 것 같군."
라는 이야기를 덧붙이는 것도 잊지 않았다.
　다음주 일요일이었다.
　일요일은 내가 쉬는 날인데, 난데없이 김군이 부모님을 모시고 나타났다.
　"정말 놀랐습니다. 저를 보시지도 않고 제 혈압의 수치를 알아내신 데는 감탄했습니다. 그리고 여러 가지로 제 자식에 대해서 염려해 주셔서 감사합니다."
　그러자 옆에 있던 부인도 한마디 했다.
　"저도 최근에 종합검사를 받았는데 십이지장 궤양이라는 판정을 받았습니다."
　나는 이들에게 체질개선의 원리를 자세히 설명한 후 '옴진동음'이 들어있는 카세트 테이프를 건네 주었다.

"아시다시피 사람의 몸은 80퍼센트 이상이 물로 되어 있습니다. 그 물이 여러 가지 원인으로 오염되어서 산성체질(酸性體質)이 될 때 모든 질병이 생기는 것입니다. 그런데 진동수는 피에이치(P.H.)가 7.4인 약한 알카리성 물이고, 활성화 된 물이기 때문에 음전자(陰電子)가 많이 포함되어 있다는 것이 몇년에 걸친 임상실험 결과 밝혀진 것입니다. 한편 이 테이프는 강력한 염력(念力)이 들어간 것이기 때문에 단순한 소리라기 보다는 영적(靈的)인 힘이 들어가 있습니다. 이 테이프를 복사하지는 마십시오. 진동 테이프를 복사하면 둘다 못쓰게 되니까요."
하고 우선 '옴' 진동수를 한달 이상〔이상적인 시간은 100일임〕복용하고 그뒤 일주일에 한번씩 직접 체질개선 시술을 받으라고 했다.

"선생은 법조계(法曹界)에 계신 모양인데 앞으로 체질개선이 되면 운명이 바뀝니다. 마음껏 일하실 수 있는 최고의 자리에 까지 올라가실 것입니다. 하지만 만일 지금 그대로 계시다가 승진하신다면 아마 모르긴 해도 과로 때문에 쓰러지시기가 쉬울 것입니다."
하고 곁들여서 운명 판단도 해주었다.

그뒤, 김군의 아버지는 누구라면 다 알만한 자리에 올라갔고, 장환군도 E대학에서 열심히 공부하고 있다.

화가 복이 된다는 이야기는 바로 이런 경우가 아닌가 한다. 만일 아들이 처음부터 서울대에 입학했었더라면 그의 부모와 사귈 수 있는 기회는 없었으리라. 따라서 그의 아버지도 예정된 운명의 코스를 걸었을게 분명했다.

법조계의 높은 자리에 올라가서 국사(國事)를 다루는 일도 없었을 것이고, 모든 것이 달라졌을 것이 분명하다고 생각한다.

내가 이 이야기를 소개한 것은 무슨 일이건 당장 눈 앞에 닥친 결과만을 보고 속단하지 말고, 우리가 마음을 옳게 가질 때 얼마든지 화가 복이 될 수 있다는 사실을 밝히려는데 있다.

〈세번째 이야기〉

고급 공무원 부부가 어느날 나의 연구원을 찾아왔다.

부인은 콩팥을 하나 떼어 냈는데, 요즘 또 하나의 콩팥도 기능이 좋지 않아 고민 끝에 나를 찾아 왔노라고 했다.

그 부인은 일정한 기간[100일이 아니었던가 한다] '옴'진동수를 복용하고, 2주일쯤 시술을 받은 뒤에 건강을 완전히 되찾았다.

하루는 그 부인이 가족들을 모두 데리고 나를 찾아왔다.

영사를 해 보니 별 문제가 없는 듯 했다. 그런데 큰 딸의 얼굴빛이 아주 좋지 않았다.

"따님을 한번 영사해 볼까요?"

하고 두눈을 가볍게 누르고 옴진동을 한 순간이었다. 난데없이 시체 썩는 듯한 냄새가 방안에 가득 했다.

"아니 이 애한테서 이런 냄새가 나다니 웬일입니까?"

하고 부인이 먼저 냄새를 맡고 소스라치게 놀랐다.

"버스 통학을 하지요?"

"네, 맞습니다."

"한쪽 발목이 자주 삐끗하지 않아요?"

"그래요. 그걸 어떻게 아시죠."

"역시 한쪽 콩팥 기능이 안 좋은 것 같습니다. 이대로 두면 앞으로 6개월 내에 길을 건너다 쓰러지는 순간 교통사고를 당해서 죽거나 불구자가 될 가능성이 있군요."

내가 이렇게 말한 것은 이 여학생에게 일어날 교통사고 현장이 아주 뚜렷하게 보였기 때문이었다.

손금을 보니 역시 교통사고를 당할 가능성이 나타나 있었다.

"따님은 교통사고로 죽거나 불구자가 될 운명이지만 부모님들이 착하시기에, 또 부모에게는 자식을 잃거나 불구 자식을 둘 팔자가 없기 때문에 오늘 이 사실을 알게 된 것 같습니다." 하고 나는 웃었다.

그 여학생은 체질개선 시술을 받고 완전한 건강체가 되었고, 그뒤 여러 해가 지났지만 아직 아무런 기별이 없는 것으로 보면 운명이 개선된 것이 분명하다.

밤마다 누군가를 기다리는 젊은이

몸에는 아무런 이상이 없는데 마음이 병든 병, 이런 질병들 가운데 흔히 찾아 올 수 있는게 노이로제이다.

흔히 당뇨병·고혈압·노이로제 등을 문명병(文明病)이라고 부른다. 미개한 사회에서는 찾아볼 수 없는 병이고, 요즘에 와서 갑자기 늘어난 질병이기 때문이다.

경제가 고도성장을 하면 할수록 사람들의 마음은 스트레스를 받게 되고, 30년 전에는 그 이름도 잘 몰랐던 노이로제가 요즘은 아주 흔한 병이 되었다.

현대인이라면 노이로제 증후를 전혀 갖지 않은 사람이 없을 만큼 증가되었다.

특히 봄·가을 환절기에 많이 발생하는 것이 노이로제인데, 나는 지난 20여년 동안 이런 사람들을 수 없이 치유시킨 경험이 있다. 그런 수많은 노이로제 환자들 가운데에서 그 병의 원인이 전생(前生)에서의 잘못 때문에 빚어진 경우를 하나 소개해 볼까 한다. 하루는 얼굴에 수심이 가득 잠긴 한 중년부인이 나의 연구원을 찾아왔다. 부인은 인사가 끝나기 무섭게 핸드백에서 사진 한 장을 꺼내어 내 앞에 내 놓았다.
 두 눈에 초점이 전혀 없는 멍한 얼굴, 신경성 질환을 앓고 있는 환자의 특징을 지닌 얼굴이었다.
 "아드님이신가요?"
 "네."
 "혹시 외아들인가요?"
 "맞습니다. 선생님은 사진만 보시고도 모든 것을 아신다고 하기에……"
하고 부인은 말끝을 흐리면서 눈물을 닦았다.
 "아주 심한 노이로제로군요. 병원에서는 고칠 가망이 거의 없다고 하지 않던가요."
 "맞습니다. 병원에도 1년 이상 입원을 시켜 보았지만 별 차도가 없었습니다."
하고 부인은 한숨을 쉬었다.
 아들의 병 치다꺼리를 하느라고 찌들대로 찌든 얼굴, 아마 모르긴 해도 이 집안은 아들 병고치기 위하여 재산도 어지간히 탕진하였으리라.
 나는 마음을 텅 비게 한 뒤, 사진에서 나오는 영파에 동조를 했다. 그러자 나의 눈 앞에 여러 가지 장면들이 떠올랐다.
 "아드님은 한밤중이면 대문을 열고 바깥에 나가 우두커니 앉아서 누군가를 기다리는게 특징이 아닌가요?"
 "그렇습니다. 그것을 어떻게 아십니까?"
하고 부인의 두 눈에는 반짝하고 희망의 빛이 켜지는 듯 했다.
 "대단히 안된 이야기입니다만, 아드님의 병은 뿌리가 아주 깊습니다. 태어나기 이전 전생(前生)에서의 잘못이 그 원인입니다. 또 어머니도 지금과 같은 고통을 받을 원인을 전생에서 만드신게 분명합니다."

"전생이 있다는 것은 저도 불교신자이기 때문에 믿습니다만, 전생에서 아들애와 저는 무슨 관계였나요?"

"전생에서는 아드님은 아주머니의 사위였죠. 아주머니에게 아들이 없었고 외동딸 밖에 없었습니다. 좀 더 알아듣기 쉽게 설명을 해드리죠."

순이와 덕이는 충청도 어느 깊은 산골에 사는 가난한 젊은 부부였다. 아무리 일을 해도 가난을 벗어나기가 어려웠다.

생각다 못해 덕이는 얼마 안되는 밑천을 마련해 서울에 가서 행상으로 돈을 벌기로 했다.

순이와 덕이 사이에는 돌이 된 귀여운 아들이 있었다.

깊은 산 속에서 남편만 의지하고 살아 온 순이는 덕이를 떠나보내는 것이 어쩐지 영 이별이 될 것만 같아 서러웠다.

서울이라는 곳이 어떤 곳인지는 몰라도 이렇게 잘 생기고 늠름한 남편을 서울 여자들이 그냥 둘 것 같지가 않았다.

"여보 혹시 딴 마음먹고 서울 여자 얻어 살고 안돌아 오면 나는 죽을 것이니까 그리 아세요. 아마 죽어서 귀신이 되어서 당신을 찾아갈 거예요."

"먼 길 떠나는 사람에게 그게 무슨 상스러운 소리여. 이 어린 것을 생각해서라도 내가 어찌 그럴 수 있겠는가."

"정말이죠. 나를 버리지 않는 거지요?"

"몇번이나 같은 소리를 해야 알아들을 거여. 나에게는 임자 밖에 없어."

순이는 말없이 남편의 품으로 파고들었다. 두 사람의 뜨거운 숨결만이 들리는 방안에는 타다 남은 호롱불이 깜박일 뿐, 순이는 이 밤이 밝지 않기를 바랄 따름이었다.

동구 밖에서 개짖는 소리가 들리고 닭 우는 소리가 들리는 것을 보면 새벽이 가까운 모양이었다.

돈을 벌어 가지고 꼭 고향으로 돌아오겠다던 남편 덕이가 서울로 떠난 지도 어느덧 10년이 넘었다.

그렇게도 철석같이 약속하고 헤어진 사이이건만 그동안 남편에게서는 아무런 소식이 없었다.

그래도 순이는 남편이 꼭 돌아올 것으로만 믿고, 저녁 해가 서산에 질 무렵이면 꼭 한번씩 동구 밖에 나가서 서울 쪽을 지켜보는 것을 하루도 잊지 않았다.

한편 서울에서의 덕이는 어떻게 되었을까? 그는 고생한 보람이 있어서 종로 한복판에 버젓하게 가게를 갖게 되었고, 어느 몰락한 양반의 뒤를 보아 준 것이 인연이 되어 그집 외동딸의 남편이 되었다.

"저와 같이 미천한 것이 어찌 댁의 사위가 될 수 있겠습니까. 더구나 저는 총각도 아니고 시골에는……"

"다 듣기 싫네. 자네가 고향을 떠난 지 10년이나 되었다는데 그동안 소식이 없는 것을 보면 죽었거나 다른 사내를 얻어 갔겠지. 아무 소리 말고 우리 사위가 되어 주게."

이런 장모와는 반대로 장인은 이 사위가 과히 마음에 들지 않았다.

덕이는 꿈에도 생각지 않았던 양반집 외동딸에게 새 장가를 들게 된 것이었다.

덕이가 새 장가를 들던 날, 순이는 오랜만에 남편을 꿈에서 보았다.

서울 물을 먹어서 미끈하게 변한 남편이 어느 양반댁 사위로 새 장가가는 꿈이었다.

새벽에 꿈에서 깨어나니 온 몸에 식은 땀이 흘러 있었다. 마음은 걷잡을 수 없이 뛰고 불안하기만 했다.

순이는 다음날 아침부터 동구 밖에 나가 서울 쪽 하늘만 지켜보면서 한숨만 쉬었다.

남편이 떠나던 다음 해 여름, 이질 때문에 아들을 잃은 뒤 순이에게는 아무도 없었다.

일주일동안 꼬박 굶은채 동구 밖에 서서 보낸 순이는 결국 실성을 했고, 급기야는 선채로 숨이 넘어가고 말았다.

순이가 죽던 날 밤, 덕이도 이상한 꿈을 꾸었다. 시골에 남겨둔 순이가 자기를 찾아 온 꿈이었다.

"인제 나는 당신 곁을 떠나지 않을 거예요."

그뒤 덕이는 밤마다 같은 꿈을 꾸었고, 몇 달이 지나자 대낮에도 눈 앞에서 순이의 모습이 어른거렸다.

결국 덕이도 요즘 말하는 노이로제 환자가 되고만 것이었다.

"댁의 아드님은 태어나기 전부터 전생에 버린 아내의 영혼이 빙의되어 있었던 것입니다. 그러다가 사춘기가 되어 심신(心

身)이 갑자기 자라면서 발병된 것이죠."
 "그러니까 저도 죄가 있군요."
 "물론이죠. 아내있는 젊은이를 강제로 헤어지게 해서 사위로 삼았으니까요. 그래서 이승서 모자(母子)가 된 것입니다."
 "남편이 아들을 싫어하는 것도 전생에 원인이 있을까요."
 "그야 뭐 분명한 일이죠. 전생에서는 장인이었고, 부인이 옳지 않은 처사를 하는 것을 막지 못했으니 책임을 면하기 어려운 거죠."
 "그럼 어떻게 하면 좋죠?"
 "제가 쓴 〈심령치료〉라는 책이 있으니 그것을 보시고 이해가 되시거든 체질개선 시술을 하고, '제령'을 해보도록 합시다."
 "알았습니다."
하고 부인은 돌아갔으나 그뒤 아무런 소식이 없었다.
 내가 들려 준 이야기가 아무래도 허무맹랑하게 생각된 모양이다.
 아직도 더 많은 고통을 받을 운명일 경우에는 언제나 나의 말이 허망한 이야기로 들리게 마련이다.
 한 여자를 아내로서 사랑한다는 것은 결코 쉬운 일이 아니지만, 여자의 가슴에 못을 박는다는 것이 얼마나 두고두고 고통을 가져오는가 하는 하나의 좋은 본보기라고 생각한다.
 아내에게서 남편을 원망하고 저주하는 소리가 나올 때 그 남편은 결코 행복해질 수도 없고 또 성공하기도 힘들다는 사실을 세상 사람들은 너무나도 모르고 있는게 아닌가 라고 생각한다.

전생(前生)을 확인한다

　바로 한달 전에 일어난 일들도 정확하게 기억하기가 어려운데 전생(前生)에 있었던 일을 기억해 낸다고 하면 아마 사람들은 웃긴다고 할 것이다. 그런데 정말 우연이라고 하기에는 너무나 이상한 인연 때문에 나는 얼마 전 내 자신과 관련된 하나의 전생(前生)을 확인한 바 있다.
　그 사연인즉 다음과 같다.
　제천에서 한의원을 하는 박인식씨(가명임)라는 사람이 인연이 있어 몇해 전, 나를 찾아온 일이 있었다.
　그는 옴 진동수를 복용해서 술, 담배도 끊게 되었을 뿐더러 간경화(肝硬化) 증세도 말끔이 가셔서 고맙다는 인사를 하러 찾아온 일도 있고, 또 나에게서 받아 간 '옴 진동'테이프로 환자들을 직접 시술해서 여러 번에 걸쳐 기적과 같은 일을 경험하였다고 했다〔주 : 현재 나에게는 이 박인식씨가 녹음한 증언 테이프가 보관되어 있다〕.
　그런데 얼마 전에 그가 나를 찾아와서 이런 이야기를 했다.
　"안원장께서 전생에 강증산 선생인 것 같다는 이야기를 쓰셨는데 그것이 사실인지 아닌지 한번 확인해 보시지 않겠습니까?"
 "무슨 말씀이시죠?"
 "사실은 제가 살고 있는 곳에 96세 되신 노인 한 분이 계신데 이 분이 젊었을 때 증산 선생을 직접 뵈었다고 합니다. 그리고 아주 열렬한 증산교 신자이기도 하구요. 언젠가 안원장님 이야기를 했더니 꼭 한번 뵈었으면 하더군요."
 나로서도 무척 가슴 설레는 이야기가 아닐 수 없었다.
 나는 박인식씨와 시간 약속을 하고 다음 주 일요일에 제천으로 그 노인을 만나러 가기로 했다. 후일의 증인으로서 김동신(金東信)씨와 손경식(孫敬植)씨도 함께 가기로 했다.
 제천까지 가는 도중에 우리는 고속버스 안에서 덕담(德談)을 주고 받았다. 그래서 그곳까지 가는 몇시간의 여정이 전혀 지루하지 않아서 좋았다.
 제천에 도착한 순간이었다.
 나는 번개같이 떠오른 생각이 있었다.
 "박선생께서 그 노인을 만나시거든 간밤에 이상한 꿈을 꾸지 않았나 물어보십시오. 제가 증산 선생의 재생(再生)이거나 깊이 관련이 있으면 반드시 우리가 오는 것을 그 노인에게 꿈으로 예고했을 테니까요."
하고 나는 박인식씨에게 당부하였다.
 한의원 진료실에서 얼마를 기다리고 있노라니까 한참만에 노인이 나타났다.
 사방을 살피더니 똑바로 내 앞으로 걸어 와서 덥썩 손을 잡았다.

"증산 선생께서 드디어 와 주셨군요."
하고 노인은 사뭇 울먹이는 목소리였다.
"박선생께서도 조금 전 물으셨지만, 간밤에는 참 이상한 꿈을 꾸었습니다. 수십년 전에 돌아가신 선친께서 꿈에 나타나셔서 서울에서 반가운 손님 세분이 너를 찾아오셨으니 잘 대접하라고 성화를 하시는 것이었어요. 그러나 꿈 속에서도 생각하기를 서울에 아는 이가 아무도 없는데 누가 온 것일까 하고 이리저리 생각하다 깨고 보니 꿈이었어요."
하고 노인은 내가 조금 전에 짐작한 그대로의 사실을 이야기하는 것이었다.
"노인께서 증산 선생(甑山先生)을 만나신 것은 60년도 더 옛날이야기인데, 그분을 지금도 기억하고 계신가요?"
하고 김동신씨가 질문했다.
"네, 기억합니다. 하도 오래 전 일이기는 하지만 머리 속에 그 분의 모습이 분명히 새겨져 있습니다. 그런데 지금 안원장을 뵈오니 안경만 벗고 상투만 트신다면 틀림없는 증산 선생님 그대로이십니다."
하고 노인은 나의 얼굴을 뚫어지게 보는 것이었다.
"그럼 제가 노인께 질문 한가지를 하겠습니다. 제가 하는 말이 사실이면 사실이라고 하고, 아니면 아니라고 하십시오."
"그러죠."
하고 노인은 고개를 끄덕였다.

강증산(姜甑山)이 신인(神人)이라는 소문을 듣고 그를 찾아

온 사람들이 몇 명 있었다.

좁은 안마당에 깔아놓은 돗자리에 앉아 기다리면서 원정(元楨)은 생각했다.

얼마 전부터 머리 속에서 떠나지 않는 의문 즉, '사람이 죽은 뒤에 정말 다시 태어나는가?' 하는 의문을 풀어 줄 수 있는 분은 증산 선생 밖에 없다고 생각했다.

대부분의 사람들은 사람이 거듭 태어난다는 사실을 전혀 의심하지 않고 그대로 받아들이고 있는 게 그에게는 아무래도 납득이 되지 않았다.

따뜻한 햇살을 등에 받으면서 앉아 있던 원정은 어느덧 잠이 들었던 모양이었다.

누군가가 곁에 와서 서 있는 것 같은 기척에 그는 번쩍 정신이 들었다. 놀라 눈을 떠보니 증산 선생이 곁에 선채 인자한 표정으로 자기를 지켜보고 계신게 아닌가.

"모두 간줄 알고 나와 보니 젊은이만 혼자서 졸구있구먼 그래. 그래 나한테 무슨 긴한 볼 일이 있어서 왔는가?"

"네, 선생님께서 들으시면 어리석은 질문이라고 하실지 모르겠습니다만, 저는 이 의문을 풀지 않고는 살수가 없을 것 같아서 멀리 남원(南原)에서 여기까지 찾아왔습니다."

하고 원정은 넙죽 엎드려서 큰 절을 올렸다.

"그래서 알고 싶은 것은……?"

"사람이 죽으면 누구나 명부(冥府)를 거쳐서 다시 환생한다고 하는데 그게 사실입니까?"

"허…… 이상한 젊은이로군. 남들이 믿어 의심치 않는 우주의 진리를 자네는 어째서 의심하는가?"
 "하지만 확실한 증거를 보기 전에는 아무래도 믿을 수가 없습니다. 이 의문을 풀지 못하면 저는 실성해서 죽을 것 같습니다."
 증산 선생은 턱에다 왼손을 대고 먼 하늘을 쳐다보셨다.
 멀리 바라다 보이는 산등성이 위에는 흰 구름이 뭉개뭉개 피어오르고 있었다. 원정을 돌아다 본 증산 선생의 눈에는 마치 어린이와 같은 장난끼가 서려 있었다.
 "자네, 내가 저승으로 갔다가 다시 돌아와서 자네를 만나러 온다면 인간이 환생한다는 사실을 믿을 수 있겠나?"
 "그야 그렇게만 해주신다면 여부가 있겠습니까? 하지만 구천상제(九天上帝)께서 현신하신 증산 선생께서 이승에서 영생(永生)을 누리실 텐데……."
 "그건 자네가 모르는 소리야……. 나는 지금 선후천(先後天) 도수(度數)를 바꾸어 놓는 천지공사(天地公事)가 끝나면 잠시 이 세상에서 자취를 감추게 되어 있다네. 다음에 내가 다시 세상에 모습을 드러 낼 때는 지금과는 다른 몸을 갖고 올 것일세. 얼굴 모습이야 같겠지만 그때는 성씨(姓氏)도 강씨(姜氏)가 아니지. 선천(先天)과 후천(後天)이 정말로 바뀔 때 나는 일을 마무리 짓기 위해서 다시 와야 하는데 그때 와서 자네를 만나 보아서 분명히 나라는 것을 확인시킨다면 믿을 수가 있겠지."
 "하지만 그때까지 제가 살 수 있을까요?"
 "암 살수가 있지……. 만일 수명이 그때까지 살수 없다면 명부의 장부를 고쳐 놓으면 될테니까. 하여튼 그때 만나기로 하세. 오늘은 자네를 믿게 할 수가 없는게 안타깝네 그려."

"하지만 그걸 어떻게……."
"걱정할 것 없네. 세상의 많은 사람들은 자기의 수명을 다 살지 못하고 죽으니까 그중에서 조금 빌려오면 될테니까. 아무튼 그때 가서 다시 만나세 그려."
하고 증산 선생은 어서 가라고 손짓해 보이시는 것이었다〔증산 선생이 화천(化天)하셨다가 다시 오셔서 만나 주신다고 하셨으니 나는 몇 살까지 살아야 하는 것일까〕.
그는 앞으로 남은 세월을 그저 아득하게만 느껴졌다.
"그때 두 분만이 주고 받은 이야기를 제가 알고 있으니…… 저는 누구죠?"
"그야 증산 선생님이 분명하죠. 이름없는 한 젊은이와 주고 받은 약속을 잊지 않으시고 이렇게 먼 시골까지 찾아와 주셔서 정말 고맙습니다. 이제 저는 수십년 묵은 의문이 풀렸으니 마음 놓고 눈을 감을 수가 있겠습니다."
하고 노인은 깍듯이 존대말을 쓰면서 감격의 눈물을 흘렸다.
나는 서울에서 갖고 온 녹음기와 옴 진동이 들어 있는 카세트 테이프를 노인에게 드렸다.
옆에서 지켜 보는 손경식씨와 김동신씨도 감개무량한 표정이었다.
이리하여 나는 나 자신이 태어나기 이전의 다른 생애의 기억을 다시 되찾았고, 사람에게 전생(前生)이 있음을 재확인한 셈이었다.

죽은 뒤의 구원은 극락의 존재 때문이다

제2부
전생(前生)을 본다

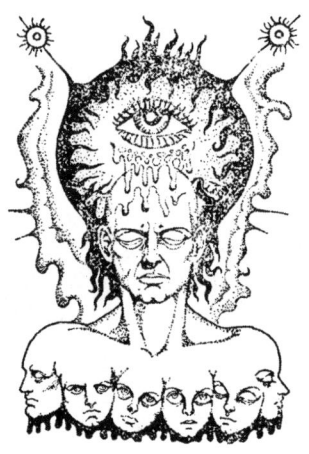

전생은 어떻게 알 수 있는가?

보통 사람들은 자기의 전생(前生)을 모르는게 당연하다.
왜 그럴까?
사람은 죽을 때, 이승에서 행한 일에 대한 기억만을 갖고 저승으로 가게 된다.
이승에서 행한 일의 결과에 따라서 이승에서 어느 나라 누구의 자식으로 태어나는가. 여자 또는 남자로 태어나는가가 결정이 된다. 이것을 숙명(宿命)이라고 한다.
그렇다면 전생에 대한 기억은 어떻게 되는 것일까? 그것은 우리의 잠재의식과 심층의식 속에 간직되어 있어서 그 사람이 행하는 모든 행동의 동기가 되는 것이다.
어려서부터 어떤 특수한 분야에 관심을 갖는 것은 전생과 깊은 관계가 있다.
만일 여기 여덟살의 어린 나이에 바이올린 명연주자가 된 이가 있다면 그는 앞서 여러 생(生)에 걸쳐서 바이올린과 깊은 인연이 있었던 사람인게 분명하다.
한편 사람에게는 누구나 고유한 영파(靈波)라는게 항시 방송되고 있는데, 사람들의 지문(指紋)이 서로 다르듯이 영파의 파장(波長)도 모두 다르기 때문에 모두가 방송만 할뿐, 그 영파를 수신할 능력이 없는 것이다.

이래서 우리들은 언어라는 것이 발달되었고, 말을 통해서 서로의 의사를 전달하는 문화가 발달된 것이라고 할 수 있다.

보통 사람들에게는 말이 통하지 않고 서로 의사 전달이 되는 텔레파시 능력이 없기에, 사람들은 저마다 프라이버시를 유지할 수 있는 것이라고 생각된다.

마음이 아직 성숙하지 못해 수많은 욕망과 감정이 존재하는 보통 사람들에게는 차라리 텔레파시 능력이 없는게 다행이라고 생각한다.

아무리 상대편을 미워하더라도 행동과 말로써 표현을 하지 않는다면 모르게 마련인게 이 세상의 이치인 것이다.

그러나 간혹 일란성쌍생아(一卵性雙生兒)의 경우에는 두 사람끼리만의 의사소통이 가능하다고 한다.

그들의 영파의 파장이 같기에 서로 송수신이 가능하기 때문이다.

그런데 나는 어떻게 하여 남의 전생을 알 수 있는 것일까? 더구나 사진만 보고도 알 수가 있는 것일까?

나는 어머니의 체질을 닮아서 유체가 유달리 발달되어 있어서 본래부터 영매적(靈媒的)인 체질인 데다가, 40대 초반에 우연한 일로 '제3의 눈'인 송과체(松果體)를 태양에너지를 이용하여 발달시킬 수 있다는 사실을 알게 되었고, 스스로 발견한 수련법을 충실하게 실천에 옮김으로써 어느덧 모든 사람들의 영파의 파장에 동조할 수 있을 뿐만 아니라, 육체를 갖지 않은 영혼의 영파에도 동조할 수 있는 거의 만능에 가까운 일종의 검파기(檢波器)를 갖게 되었다.

지난 20여년 동안, 연인원(延人員) 20만명이 넘는 많은 사람들의 영파에 동조함으로써 나는 사람들의 잠재의식과 무의식세계의 기록을 읽을 수 있는 초능력자가 되었다.

또한 살아 있는 사람, 죽은 이의 영혼뿐만 아니라, 살아 있는 거의 모든 동식물이 발하는 사념(思念)의 수신도 가능하고 심지어는 에이즈의 병원균과 같은 미생물과도 대화를 나눌 수 있는 경지에까지 올랐다.

단 한가지 예외는 있다.

내가 아무리 어떤 사람의 전생의 기록을 읽으려고 해도 본인에게 강력한 보호령이 있어서, 본인에게 전생을 알려주는 것이 해롭다고 판단해서 강력하게 방해전파를 발신할 때는, 전혀 알 수 없는 것이다.

이 경우에는 방송국이 쉬고 있을 때의 TV수상기를 켜 놓았을 때와 같은 현상이 일어나게 마련이다.

흰 스크린이 보일 뿐 아무 것도 떠오르지 않는다.

또한 본인이 절대로 전생이 존재하지 않는다고 굳게 믿고 있을 때도 마찬가지 현상이 일어난다.

이 경우에는 본인 스스로가 강력한 방어 스크린을 침으로써 영파의 방송이 불가능해지기 때문이 아닌가 생각된다.

그러나 대부분의 사람들은 전생이 존재한다는 사실에 반신반의하고 있고, 이런 사람들에게 전생을 이야기해 주는게 좋다고 그들의 보호령이 협조를 해주는 경우에는 쉽게 전생을 알 수가 있다.

이 우주를 지배하고 있는 세가지 우주법칙 가운데 하나가 바로 '불간섭의 원칙'이기에 본인이 믿지 않거나, 원하지 않는 경우, 또 본인의 보호령이 강력하게 반발하고 있는 경우, 억지로 전생을 보려고 함은 잘못된 일이다.

왜냐하면 우주법칙을 깨고 본인의 운명에 쓸데없이 간섭을 하게 되기 때문이다.

아직 때가 오지 않아서 좀더 고생을 해야만 할 경우에도 보호령은 방해 스크린을 치게 마련이다.

그래서 '제3의 눈'을 작동해서 상대편의 영파에 동조해서 10초 안에 아무런 반응이 없을 경우에는 전생을 읽는 것을 포기하는 게 옳은 일이다.

'평안감사도 저 하기 싫으면 그만'이라는 속담이 있다.

본인이 전생이 있음을 전혀 믿지 않거나 또는 알기를 원하지 않을 경우에는 그대로 내버려 두는 것이 옳은 일이라고 나는 생각한다.

'불간섭의 원칙'을 지켜야 한다고 믿기 때문이다.

그런데 사진의 경우는 또 달라진다.

사진은 유체(幽體)의 반사체(反射體)이기에 사진에서도 영파를 검출할 수 있고 또한 보호령이 붙어 있지 않기 때문에, 사진을 통하여 쉽사리 그 사람의 전생을 조사할 수 있다.

그러기에 본인을 통해서는 알 수 없었던 비밀이 사진을 통하여 알게 된 예가 많다.

내가 사진을 통해 전생을 알아 볼 수 있는 까닭이 바로 여기에 있다.

그러나 세상만사 원칙에는 반드시 예외가 있듯이, 아주 드문 예지만 사진에도 보호령이 간섭하는 경우가 있다.

이런 경우에는 사진을 아무리 살펴보아도 전생을 알 수 없게 마련이다.

갑자기 나의 '제3의 눈'이 장님이 된 것이 아닌가 하는 생각이 들 정도이다.

이런 경우에는 단념을 하는게 좋다.

섣불리 전생을 조사하여 알려줌으로써 그 사람의 운명에 좋지 않은 영향을 끼치는 경우라고 생각되기 때문이다.

기독교인들은 사람들에게 전생이 있음을 믿지 않고, 또한 영혼이 윤회전생(輪廻轉生)한다는 사실도 믿지 않는다.

나를 찾는 손님을 앞에 놓고, 갑자기 그 손님이 기독교 신자라는 생각이 드는 경우가 있다. 그런 경우, 물어보면 대체로 내 예감이 맞는다. 나는 일체 그들이 믿고 있는 교리에 어긋나는 이야기는 하지 않고 있다.

그 이유는 이야기할 수도 없거니와 또 이야기해 보았자 믿지도 않고 반발만 살 것이 너무나 분명하기 때문이다.

신앙은 각자의 자유이다.

믿음의 자유를 침범하는 행위는 불간섭의 원칙을 어기는 일이라고 생각하기 때문이다.

이런 경우, 나는 일체 4차원에 속하는 이야기는 하지 않는다.

3차원적인 어드바이스, 정신분석학적인 조언을 하는데 그치기 마련이다.

전생은 지금 생에 어떤 영향을 미치는가?

사람에게는 누구나 숙명이라는 것과 운명이라는 것이 있다고 본다.

숙명이란, 태어난 사람 본인의 뜻과는 전혀 관계없이 이루어진 상태를 말하는데, 이를테면 첫째, 수많은 생명체 가운데 인간으로 태어났다는 것, 어느 시대 어느 나라의 남자 또는 여자로 태어났다는 것은, 본인의 뜻과는 전혀 관계없는 조건이라고 하겠다.

내 경우를 예로 들어보면, 나의 어머니는 어려서부터 병약했고, 열 아홉살 때 자살소동을 벌인 일이 있었다. 그래서 황해도 장연(長淵)에서 외갓집은 전부 서울로 이사를 왔다고 한다.

어머니는 초등학교도 나오지 않았는데 이모나 외삼촌은 그 당시 동경 유학생 출신이었다.

마침 이웃집에 하숙하고 있던 가난한 동아일보사 기자가 있었다.

논 백섬지기를 지참금으로 준다는 조건으로 결혼을 했다.

나는 이런 부모 사이에서 첫아들로 태어났다. 만일 어머니가 병약하지도 않고 이모와 같은 동경유학생이었다면 아버지와 결혼하는 일은 절대로 없었을 것이었다.

  그러니까 이 경우 어머니가 아버지와 결혼할 수밖에 없었던 운명이라면, 그 사이에서 태어난 숙명이라고 할 수 있겠다.

  만일 어머니가 보통 사람이어서 보통 고등교육을 받았었다면 아버지와 결혼했을 까닭은 절대로 없었으리라고 생각한다. 그러니까 어머니가 아버지와 결혼하게 된 여러 가지 조건은 어머니에게는 운명이지만, 나에게는 숙명이 되는 셈이다.

  왜냐하면 내가 태어나기 전의 어머니의 상태는 나의 뜻과는 전혀 관계가 없는 일이기 때문이다.

  남달리 사이가 나쁜 부모 사이에서 태어난 나는 많은 인간고 (人間苦)가 있었고, 그것이 오늘날의 내가 되게 한 원인이었다고 생각한다.

  화목한 가정에서 태어난 아들이었다면 나는 그토록 괴로운 소년시절을 보내지 않았을 것이고, 또한 작가가 되는 일도 없었으리라고 생각한다.

  나는 다섯명의 동생들이 있는데, 그중 두명의 남동생과 두명의 여동생은 일찍이 미국으로 건너가서 그곳 시민권자가 되었다.

  나는 장남이었기 때문에 아버지를 도와서 집안일을 돌봐야만 했고, 그래서 미국 유학을 떠나지 못했다.

  이 경우, 큰 아들로 태어난 것도 내 숙명이라고 할 수 있다.

  왜냐하면 큰 아들로 태어난 것 역시 내 뜻과는 전혀 관계가 없는 일이기 때문이다.

  숙명과 운명의 차이가 무엇일까 결론을 내려보면 숙명은 태어난 본인의 뜻과는 전혀 관계없이 이루어진 태어날 때의 조건을 말함이고, 운명이란 이미 주어진 조건에 자기의 뜻과 노력이 가비된 것이라고 볼 수 있겠다.

오늘날 내가 작가이며 심령능력자가 된 것은 반은 숙명적인 조건과 반은 내가 선택한 운명적인 조건에서 이루어진 것이라고 본다.

내가 큰아들이 아니어서 미국 유학을 할 수가 있었다면 나는 아마 문학을 전공하는 대학교수가 되었을 것이고 지금의 아내와 결혼도 하지 않았을 것이다.

그렇게 되면 지금 미국 유학중인 아들이나, 시집간 딸이나 막내딸은 태어나지 않았을 것이다.

내 자식들에게는 나의 운명이 그들의 숙명이 된 셈이라고 할 수 있다. 다시 말해서 그들이 태어나기 전에 내 조건이 달라졌다면 그들은 절대로 이 세상에 태어날 까닭이 없는 일이기 때문이다.

여기서 숙명과 운명에 대한 간단한 설명을 그치고, 본론으로 돌아가 볼까 한다.

요즘에 와서 안 일이지만, 나는 이승에 태어나기 전에 세계를 구해 봐야겠다는 뜻을 가진 여러 영혼들이 하나로 합쳐서 복합령(複合靈)이 되어서 태어난 경우라고 생각한다.

그러기 위해서는 나의 영혼을 구성한 여러 영혼들은 전생에서 인간 구제를 위해 순수하게 일생을 보낸 강증산이나 라히리 마하사야 같은 이가 중심인물이 될 필요가 있었고, 또한 전생에서 수많은 목숨을 앗아간 유방(劉邦)이라든가 풍신수길과 같은 인물이 끼어들 필요가 있었던 것이라고 본다.

　인과응보의 우주법칙으로 보아서 살생을 많이 한 사람이라야 많은 목숨을 살려야 하는 의무를 갖게 되기 때문이다.

　이것은 많은 사람들을 불행하게 한 사람만이 많은 사람들을 행복하게 해줄 의무를 가졌다는 이야기이기도 하다.

　또한 난마(亂麻)와 같은 천하를 평화스럽게 통일하기 위하여서는 징기스칸이나 순(舜)과 같은 사람의 영혼이 끼어들 필요가 있었던 것으로 생각한다.

　이 부분에 대해서 나는 아직 많은 의문을 갖고 있다. 왜냐하면 나는 세계가 올바르게 발전하기 위해서는 가까운 장래에 아시아의 여러 나라들이 합심해서 아시아연방을 이루어야 하고, 또한 각 지역연방이 성립된 뒤에 세계연방이 되어야 한다는 확고한 신념을 갖고 있기는 하지만, 내가 그것을 실천에 옮겨야 할 사람이라는 조건이 거의 없는 상태이기에 단순히 그런 사상을 펼 인물에 지나지 않는가 하는 생각을 하고 있기 때문이다.

　그러나 한편으로 생각하면 내 영혼 속에 유방이나 순(舜)이나 풍신수길과 같은 인물의 영혼이 끼어 있는게 사실이라면, 반드시 그렇지만도 않으리라는 기대가 있는 것 또한 사실이다.

　아시다시피 이 세 인물은 보잘 것 없는 집안에서 태어나서 처음에는 천하를 통일하는 인물이 되겠다는 뜻은 전혀 없었다는 점에서 공통점을 갖고 있다.

　나의 경우도 마찬가지다.

　나는 어린 시절, 너무도 불행했고 가난했기에 그런 상태를 면해 보고 싶었고, 자신을 실천력이 전혀 없는 몽상가(夢想家)

라고 판단하였기에 작가가 되었던 것이고, 아시아연방설립 운동을 하는 초당파적이고 초국가적인 정치가가 되겠다는 생각은 최근까지도 가져 본 일이 없있다.

또한 남달리 병약했던 내가 남들의 난치병을 고쳐 주는 심령능력자가 된다는 것도 꿈에도 생각지 않았다.

지난 20여년 동안 이 일에 종사하다 보니까, 어느덧 나는 이 방면에서 자타가 공인하는 초능력자가 된 셈이지만, 생각하면 어처구니없는 일이 아닐 수 없다.

작고한 선친께서는 내가 의사가 되기를 갈망했지만, 나는 선친에 대한 반발 때문에 문학의 길을 택했고, 그 길에서 어느 정도 일가를 이루었는데, 아버지가 돌아가신 뒤에 엉뚱하게 심령과학의 분야에 뛰어들게 되어서 의사 아닌 의사가 된 셈이다.

내 본시의 뜻은 아니었기에 운명이라고 하기보다는 숙명이 아닌가 생각된다.

내가 겪은 많은 인간고(人間苦)도 지금 하고 있는 일을 잘 하기 위해서는 절대로 필요했던 경험이라고 생각이 되는 요즈음이다.

전생에 한 일과 전생에서 가졌던 뜻은 그대로 이번 생(生)에서 반영되는 것이라고 믿는다.

그러니까 여러분들이 지금 어떤 생활을 보내고 있든, 그것은 모두가 전생에서 원인을 만든 결과이고, 또 본인들이 원했던 일이라면 불만을 가질 이유가 없다고 생각된다.

나의 선친의 경우, 나를 낳아주셨고 나에게 많은 인간고를 안겨주셔서 오늘날의 나를 있게 하신 분이기에 또 말년에 오래 사시기를 간절히 소망하셨기에 나의 막내딸로 재생한 것이라고 생각된다.

또한 여성을 멸시했고, 어머니와도 사이가 안 좋았었기에 이번에는 여자의 입장을 좀더 경험시키기 위하여 하늘이 나의 막내딸로 태어나게 한 것이 아닌가 생각된다.

간암으로 돌아가시기 전까지도 포기하지 않고 눈물겨운 투병생활을 하셨기에 다시 새로운 생명을 얻은 것이라는 생각이 들기도 한다.

돌아가신 아버지를 막내딸로 태어나게 하여 사랑과 정성으로 키움으로써 나는 아버지에 대한 은혜를 갚아가고 있다고 생각한다.

결론적으로 말해서 전생은 다음번 생에 80% 이상의 영향을 미치고 있다는 게 나의 생각이다.

전생을 어떻게 살았느냐 하는 것이 이번 생의 동기가 된 것이 사실이라면, 다음 생을 어떻게 살 수 있게 되느냐는 지금 여러분들이 어떤 생활을 하고 있느냐, 거기에 달려 있는 것이다.

전생을 통해 얻는 것과 잃는 것

　보통 사람들은 전생을 기억하지 못한다. 그러나 앞서 이야기한 바와 같이 누구나 전생에 한 일이 원인이 되어 이승으로 태어나게 되고, 이승에서의 운명의 반은 전생이 원인이 되어서 비롯된 것이라고 했다.
　전생에 대한 기억은 없지만, 누구나 전생의 영향을 받고 있다.
　그러나 전생에서 어떤 일생을 보냈는지 알고 있는 것과 그렇지 아니한 것은 전혀 다른 것이다.
　여기 한가지 예를 들어보기로 한다.
　어떤 부자(父子)가 있었다.
　쌍둥이 아들을 두었는데 큰 아들과 아버지 사이는 모든 게 정상인데, 작은 아들하고는 아주 사이가 나빴다.
　아무리 애를 써도 아버지는 작은 아들을 사랑할 수가 없었다. 아니 사랑할 수 없을 뿐만 아니라, 작은 아들이 몹시 미웠다. 따라서 작은 아들도 아버지를 존경하지 않았고 매사에 반항적이었다.
　아버지의 직업은 고등학교의 한문선생이었다.

수신제가치국평천하(修身齊家治國平天下)라는 말뜻을 누구보다도 잘 알고 있는 아버지였다. 그런데 병적으로 아들을 미워하는 마음은 어쩔 수 없었기에 그는 수신제가 되지 않는 상태였다.

정신과 의사를 찾아가서 의논도 해 보았으나 해결할 수 있는 실마리를 찾지 못했다.

생각다 못해 그는 나를 찾아 왔다.

나는 작은 아들을 데리고 오라고 했다. 어느 날, 이 아버지는 작은 아들을 데리고 나를 찾아 왔다.

작은 아들을 본 순간 나는 이들의 불화의 원인이 전생에 있음을 알았다.

그 이야기를 여기에 적어볼까 한다.

옛날에 조선 중엽(李朝中葉) 때였다고 생각된다.

경상도 안동에 부모를 일찍 여읜 형제가 살고 있었다.

형은 아우보다 열 살이나 위였기에 아우를 어려서부터 아버지처럼 보살펴야만 했었다.

어린 시절에는 아우는 무슨 일에 있어서나 형의 말을 잘 따랐다.

그러나 차차 커감에 따라 형은 어디까지나 형이지 아버지는 아니라는 생각이 들게 되었다.

아우는 형보다 머리가 좋은 편이었기에 자연히 형에 대해 비판적이 될 수밖에 없었다.

아우는 어려서 소아마비를 앓았기에 하반신이 불구였다.

어른이 되었지만 그에게 시집오려는 처녀가 없었다. 또한 불구자인 동생을 거느린 가난한 형에게 시집오려는 처녀도 없었다. 하는 수 없이 이들은 평생을 독신으로 지내는 수밖에 없었다.

'내가 저 아우만 아니더라도 떳떳이 결혼해서 남부럽지 않게 살아보는 것인데…….' 하는 생각이 있었기에 세월이 흐르는 동안, 차차 형의 마음속에서는 아우에 대한 사랑이 사라지고 미움이 싹트기 시작했다.

이런 형에 대해 아우도 불만을 갖게 된 것은 너무나도 당연한 일이었다.

서로 원수처럼 생각하면서도 형은 아우를 버릴 수 없었고, 아우 또한 형의 곁을 떠날 수가 없었다.

형제의 일생은 몹시 불행했다고 할 수가 있다. 그러나 정신적으로 보면 이들은 아버지와 아들과 같은 관계였다.

서로 미워했지만 한편으로는 서로를 의지했던 것 또한 사실이었다.

이것이 원인이 되어서 그들은 이번 생에서 부자의 관계를 맺게 되었다.

어려서 형을 믿고 따르던 마음은 큰 아들이 되었고, 커서 형에 대하여 몹시 비판적이었던 마음은 작은 아들이 되어서 이들은 쌍둥이로 태어난 것이다.

그들은 쌍둥이였기에 얼굴과 모습은 똑같았지만 아버지에 대한 태도는 전혀 달랐다.

"어때요, 큰 아들이 아버지를 믿고 따르는데 비해 작은 아들은 매사에 비판적인게 아닙니까? 아버지를 아버지로서 대하는

게 아니라, 마치 만만한 형과 같이 대하는 것이 차차 아버지로 하여금 작은 아들을 미워하게 만든게 아닐까요?"
하고 나는 물었다.

이 말에 대해 아버지는 전적으로 수긍을 했다.

"아버지가 형만 사랑하는데 반항심을 갖게 된게 아닐까요. 아버지에 대한 존경심을 잃게 된게 아닐까요?"
하는 나의 질문에 작은 아들도 동의하였다.

그들은 크게 깨달았다고 나에게 치사를 했다.

아들에 대한 미움이 아침햇살에 안개 사라지듯 사라졌다고 했다.

아들은 아들대로 아버지에 대하여 새삼스럽게 고마운 생각이 들었노라고 했다.

그 뒤 그들은 다시 나를 찾지 않았다.

아마 그들 사이에는 큰 변화가 일어났으리라고 생각한다.

금생(今生)의 불화의 원인이 전생에 있었음을 알고 깨닫는 순간, 그들 사이에 나빴던 부자 사이에는 사랑이 찾아온 것이었다.

이런 경우에는 전생을 알게 됨으로써 행복해지는 방법을 찾게 된 예라고 할 수가 있다. 그러나 전생을 앎으로써 이득만이 있는 것은 아니다.

전생에서 여러 남자를 죽인 여류검객이었음을 알게 됨으로써 스스로 자책을 하게 되어 더 불행해진 예도 있다.

이런 경우에는 전생을 몰랐던게 차라리 좋았으리라.

전생을 알게 됨으로써 마음의 갈등이 없어져서 행복해진 예도 있지만, 나빴던 전생을 알아서 더 자기 자신을 책망하여 우울해진 예가 더 많기에 나는 이런 사람의 경우에는 전생을 알아도 이야기해 주지 않는다.

'모르는게 약이다'라는 말이 진리임을 말해두고 싶다.

그러나 사람에 따라서는 오늘날 매사가 잘 안 풀리는 원인이 전생 때문이라는 것을 알게 됨으로써 남을 원망하는 마음을 버리고, 자포자기하는 상태에서 벗어나 보다 명랑한 생활을 하게 된 이들 또한 많다.

전생을 말해서 본인에게 해로울 경우에는 대체로 보호령이 반대해서 알 수 없는 것도 재미있는 사실이 아닐 수 없다.

1000년 전의 인연

　이 세상을 지배하는 우주의 법칙 가운데 가장 무서운 것은 인과법(因果法)이다. 무슨 일이든 한번 어떤 원인이 발생하면 반드시 그 결과가 나타난다는 것이다.
　가령 내가 누구에게 잘못한 일이 있으면 이 세상 또는 다음 세상 또는 몇백년 뒤에라도 반드시 그 보복을 받게 마련이다. 비단 나쁜 일만이 아님은 물론이다. 좋은 일을 하면 그것이 씨앗을 심은 것이 되어 언젠가는 열매를 맺게 마련이다.
　그것은 영계(靈界)에는 아카식크 레코드라는 일종의 거대한 컴퓨터 기억장치가 되어 있어서 이 세상에서 일어나는 일은 무엇이든지 자동적으로 기록되어서 처리가 되기 때문이다.
　인과법(因果法)이 적용된 가장 좋은 예를 하나 소개하여 볼까한다.
　얼마전 일이었다.
　공무원이라는 중년신사가 나를 찾은 일이 있었다.
　몇 년 전부터 두 어깨에 심한 신경통이 생겼는데 병원에 가서 아무리 치료를 받아도 소용이 없었고, 좋다는 한방요법, 침

술요법, 그밖의 온갖 민간요법을 모두 써보았으나 전혀 효과를 거두지 못했다는 이야기였다.

그러다가 책방에서 우연히 내가 쓴 책을 발견하여 사서 읽고 한가닥 희망을 갖고 나를 찾아 왔다는 이야기였다.

나는 그를 본 순간 알 수가 있었다.

이 완고한 신경통은 결코 이 세상에 원인이 있는 것이 아니고, 1000여년 전 먼 옛날에 그 원인이 비롯되었음을 안 것이었다.

TV의 화면을 보듯이 전후 사정 일을 순간적으로 알아냈기 때문이었다.

그 이야기를 지금부터 해보고자 한다.

1000여년 전, 아득한 옛날, 때는 통일신라를 이룩하기 직전, 신라의 대군과 백제의 계백장군이 이끄는 5000의 결사대가 황산벌판에서 대결전이 있은 직후의 일이었다.

황산벌판에는 수많은 전사자(戰死者)들의 시체가 늘비하게 널려 있었다.

대격전이 있은 뒤 조용해진 싸움터를 한 스님이 지나가고 있었다.

당나라에 가서 13년 동안 공부를 마치고 돌아오는 성가람 스님이었다.

들판에는 시체가 늘비했다.

새소리 하나 들리지 않는 황산벌에는 오직 고요만이 감돌고 있을 뿐이었다.

'아무리 나라를 위해서라고는 하지만 처참하구먼. 나무 관세음보살'.

가람스님은 마음속으로 염불을 외우며 벌판을 가로질러 가고 있었다.

문득 신음소리가 들리기에 스님은 발걸음을 멈추었다.

백제의 싸울아비 한 사람이 중상을 입고 쓰러져 있었다.

피바다 속에 쓰러진 젊은 싸울아비에게서 나오는 신음소리에 가람스님은 걸음을 멈추고 바라보았다.

스님은 사방을 둘러보았다.

멀리 민가가 한 채 눈에 띄었다.

그 민가까지만 부상자를 데리고 간다면 살릴 수 있을 것 같다는 생각이 들었다. 스님은 아직 목숨이 붙어 있는 젊은이를 이대로 버려두어서 죽게 할 수는 없다고 생각하였다.

아무리 적인 백제의 싸울아비이지만 가람스님의 눈에는 도움이 필요한 하나의 죽어가는 불쌍한 중생(衆生)의 한 사람에 지나지 않았다.

누가 알랴? 이 백제의 싸울아비가 전생에는 신라의 백성 가운데 한 사람이 아니었다고 장담할 사람이 그 누구이겠는가 하고 스님은 생각했다.

스님은 부상자를 등에 업었다.

절에서 힘든 일을 많이 해서 단련이 된 몸이라 스님은 힘이 장사였다.

스님은 부상자를 등에 업고 한걸음 한걸음 민가를 향해 걸어갔다.

일곱 발자국을 옮긴 순간이었다.

등에 업은 젊은이가 갑자기 무겁게 느껴졌다. 스님은 이상하나고 생각해서 걸음을 멈추고 부상자를 땅 위에 내려 놓았다. 부상자는 죽어 있었다.

'아뿔사, 세상을 떠났구나!'
하는 다음 순간, 가람 스님의 머리에 번개같이 떠오른 생각이 있었다.

'나는 당(唐)나라에 가서 13년 동안이나 갖은 고행을 다하면서 수도(修道)를 했다. 내 딴에는 제법 도(道)를 통하고, 이만하면 능히 한 몫 구실을 할 수 있는 학승(學僧)이 되었다고 자부했다. 그러나 지금 이 꼴은 무엇인가? 일곱 발자국 옮긴 뒤에 일어날 일도 전혀 짐작을 하지 못하고 이 젊은이를 구하려고 했다. 그래서야 한치 앞도 내다보지 못하는 범부중생(凡夫衆生)과 무엇이 다르단 말인가? 이런 실력을 가지고 중생을 구하겠다는 것은 한낱 아만(我慢)에 지나지 않는다. 차라리 그럴바에야 환속을 하여 시정(市井)에 묻혀 사는게 덜 죄를 짓는게 되리라!'

스님은 하늘을 보고 크게 탄식을 했다.

죽은 백제의 싸울아비를 내려다보고 스님은 가만히 중얼거렸다.

"그대가 누군인지는 모르나, 이 몸의 부족함을 깨닫게 하여 주었으니 참으로 고마우이. 원효스님이라도 이 자리에 계셨더라면 자네의 영혼이나마 극락세계에 보내 주었을 것을, 정말

미안하이. 까마귀나 들개의 밥이나 되지 않도록 땅에 깊이 묻어 주는게 내가 자네에게 해줄 수 있는 마지막 공덕 같으이."
 스님은 하루종일 걸려서 땅을 팠다.
 늘 몸에 지니고 다니는 표주박을 가지고 모래땅을 사람의 몸이 묻히도록 깊이 판다는 것은 여간 힘든 일이 아니었지만, 스님은 그 일을 끝내 해낸 것이었다.
 시체를 묻고 스님은 서라벌을 향해 떠났다.
 자기가 속해 있던 절의 주지스님을 만나서 전후 사정을 이야기하고 그는 환속을 했다.
 그후 인연이 있어서 한 젊은 여인을 만나 가정을 이루고 살았다.
 그는 행복했다. 사는 재미가 무엇인지 알 것 같았다. 슬하에 다섯 남매를 두었다. 환속하기를 잘했다고 생각했다.
 그런데 쉰 살이 넘자, 갑자기 두 어깨가 아프기 시작했다.
 한방치료, 민간치료로 좋다는 약은 다 써보았으나 아무런 효험이 없었다.
 항상 두 어깨가 무겁고 아프다 보니 산다는 것이 고역이었다.
 나머지 여생을 심한 견비통에 시달리면서 살아야만 했다.
 때가 와서 운명을 했다. 정신을 차려보니 저승이었다.
 두 어깨가 무거워 정신을 가다듬고 보니, 언젠가 스님이었을 때, 황산 벌판에서 어깨에 들처멘 젊은 병사가 엎혀 있었다.
 "아니 자네가 웬일인가?"
하고 놀라 물으니 병사가 태연히 대답했다.
 "스님이 그러시지 않았어요. 원효대사님을 뵈오면 극락세계

갈 수 있다고요. 그래서 이렇게 업혀 있는 것이지요."

"그럼, 내 두 어깨가 그토록 아팠던 것은 자네 탓이었구먼."

"그렇습니다. 이제야 아셨습니까?"

"어서 내리게. 이제야 나도 죽어서 다 같은 영혼이 되었는데 언제까지 나에게 업혀 있을 생각인가?"

그러나 죽은 병사는 고개를 저을 뿐이었다.

"아니에요. 그럴 수는 없어요. 스님에게 의지하고 있으면 언젠가는 원효스님을 만날게 아닙니까? 그때까지는 스님의 곁을 떠날 수 없어요."

하고 막무가내였다.

무심히 던진 한마디가 이토록 무서운 결과를 가져올 줄은 정말 몰랐던 일이었다.

그뒤 스님은 일곱 번 재생했고, 백제의 싸울아비의 영혼은 악착같이 떨어질 줄을 몰랐다.

50대가 넘으면 어김없이 심한 견비통에 시달려야만 했다.

"조선말엽에 성씨 집안에 유명한 도승이 태어난 일이 있을텐데요?"

하고 내가 물었다.

"그렇다고 들었습니다."

"그 분의 후신(后身)이 바로 지금의 당신입니다."

"믿기 어려운 일이군요."

"그리고 성씨(成氏)는 전국 합해서 20여만밖에 되지 않을 겁니다."

"그걸 어떻게 아십니까?"

"그 중 14만 3000여명이 성가람 스님의 후손인 것 같습니다."
"정말 놀라운 일이군요."
"사실은 제 마음 속에는 원효대사의 영혼도 분령체로 들어 있습니다. 1000여년만의 만남이군요."
하고 내가 말한 순간, 손님의 등에 업혀서 졸고 있던 빙의령이 번쩍 눈을 떴다.
"아이고, 원효스님 고맙습니다. 1000여년 동안 찾아 헤매었는데 잘 만났습니다. 이 몸을 극락세계로 보내 주세요."
하고 그는 손님의 등에서 기어내려 내 앞에 부복했다.
 나는 서슴치 않고 저승사자들과 신장(神將)들을 불렀다.
 북두칠성 네번째 별로 향하는 무지개다리를 놓고, 그를 그곳으로 보냈다.
 다음 순간, 손님은 갑자기 일어서더니 부처님 앞에서 하듯이 나에게 오체투지(五體投地)로서 경배를 했다.
 두 어깨가 갑자기 가벼워졌노라고 했다.
 그 손님은 그 자리에서 체질개선 연구원의 회원이 되었고, 기쁜 마음으로 돌아갔다.
 그 뒤, 여러 달이 지났지만 그는 다시 내 앞에 나타나지 않았다.
 이때의 제령(除靈)으로 그 완고하던 견비통이 완전히 고쳐졌는지 여부는 확인하지 못했지만, 우리나라 속담에 무소식이 희소식이라는 말이 있듯이 좋아진 것만은 사실인 것 같다.

자기 처벌의 욕망

　불교의 교리에 의하면, 사람은 누구나 할 것 없이 몇 번이고 거듭 태어난다고 되어 있다.
　나는 이 윤회설(輪回說)을 40세 이전에는 전혀 믿지 않았지만, 심령능력자로 변신하게 된 뒤로는 사람과 만나면 나의 전생이 한폭의 그림처럼 선명하게 눈 앞에 펼쳐지는 현상을 수없이 경험했다.
　특히 전생에서의 생활이 이번 세상에서의 생활과 깊은 관련이 있다는 사실을 알게 되었을 때, 요즘에 와서는 인간에게는 누구나 전생이 있다는 사실을 믿게 되었다.
　자기 자신의 전생에 대하여 이를 소상하게 밝힌 사람으로서는 부처님이 당연 으뜸가는 존재가 아닌가 생각한다.
　부처님은 500번 거듭 태어난데 대한 기록을 남겼기 때문이다.
　나 자신도 타인의 전생이 무엇이었다는 것을 알게 될 때, 나자신의 전생에 있어서의 그 사람과의 관계가 늘 밝혀지곤 했었다.
　'옷깃이 스치는 것도 3세의 인연이 있기 때문이다'라고 한 부처님의 말씀은 진리라는 사실을 나는 스스로의 체험을 통해 깨달았다.

그러면 내가 여지껏 체험한 수천 건의 실화들 가운데 몇가지 가장 대표적인 예를 이제부터 소개코자 한다.

비가 부슬부슬 내리던 어느 늦은 가을 저녁이었다.

나는 인쇄소를 경영하는 H라는 친구의 안내로 알게 된 스카라극장 바로 뒷골목에 있는 K장(莊)을 찾은 일이 있었다. 그곳은 낮에는 다방, 밤이면 맥주 홀인 집이었다.

나는 그날 우리 테이블 당번이 된 L마담을 본 순간 이상한 느낌이 들었다.

어디서 많이 본 것 같은, 그러나 실제로는 과거에 단 한번도 만난 일이 없는 여자였다.

L마담의 얼굴을 물끄러미 지켜보는 내 눈 앞에 한 폭의 그림이 환영(幻影)처럼 떠올랐다.

나는 그녀에게 물었다.

"L마담, 혹시 이런 말을 물어봐서 기분이 나쁠지 모르겠지만 결코 나쁜 뜻은 없으니 오해를 마시오. L마담은 특이체질이시군요."

"특이체질이라니요?"

"멘스가 40일에 한번씩 있지 않습니까?"

"그걸 어떻게 아시죠?"

"또한 지금은 멘스중이구요."

L마담은 얼굴을 붉힐 뿐 아무 대답이 없었다.

"따님이 한 분 있고, 남자하고는 아주 사소한 일 때문에 헤어지셨군요. 또한 지금은 외국으로 나가려고 수속 중이시고, 또

한가지 지금의 따님은 비바람치던 날 밤 공교롭게도 멘스 중에 술취한 남편이 억지로……."

"그만, 그만하세요. 그렇게 말씀하시니 이 자리에 앉아 있기가 무섭군요."

"나는 직업적인 관상가는 아닙니다. 다만 그런 그림이 떠오르기에 도움이 될까 해서 말한 것 뿐입니다."

나는 이어서 L마담에게 다음과 같은 이야기를 들려주었다.

"지금부터 7백여년 전, 프랑스와 스페인의 접경 지역인 카스코뉴에 한 귀족부인이 있었습니다. 그녀는 병적으로 질투심이 강한 여인으로서, 남편이 부정(不貞)을 저질렀다는 사소한 오해를 풀지 않고, 품에 지니고 있던 단도로 남편을 찔러 죽였습니다. 한마디 변명할 기회도 주지 않고……. 그러자 곧 그것은 한낱 오해였음이 밝혀졌지요. 그녀는 땅을 치며 통곡하고 자신을 저주했습니다. 몇차례 거듭 태어날 자기는 항상 불행을 벗삼아 살아 마땅하다고 스스로를 저주한 그녀는 남편을 죽인 칼로 자신의 하복부를 찔러 자살을 했습니다.

강력한 '자기처벌'의 욕망은 그녀로 하여금 들어온 복을 발로 차 버리는 생활을 하게 했고, 40일에 한번 멘스가 있을 때, 그녀는 두개의 난자를 배란하는, 그래서 그때만 임신이 가능한 특이한 체질을 타고 났습니다. 여자로서 자식을 잉태할 수 있는 소중한 순간이 바로 몸이 부정한 때라니, 다시 말해서 견족(犬族)과 같은 얄궂은 생리가 아닌가.

하지만 스스로 반성을 했을 때 이미 하늘은 그 여인을 용서했죠. 그 뒤는 자기 처벌이었죠. 그러나 이제는 그 저주에서도 해방될 때가 온 겁니다. 그래서 오늘 밤에 내가 여기 온 것인지도 모르죠."

"안선생님께서도 그때 그 현장에 계셨던가요?"

"그렇죠. 그때 나는 그 부인에게 검술과 승마를 가르친 선생이었는지도 모르죠. 아마 앞으로는 정상적인 멘스를 하게 될 것입니다."

L마담은 그 뒤 K장을 그만두고 일본으로 건너갔으나, 멘스의 사이클이 바뀌었는지 여부는 끝내 확인하지 못하고 말았다.

세번째 인연

이 이야기 역시 내가 출판사를 경영하던 때에 경험한 일이다.
낙원극장 옆에 자리잡고 있는 L홀은 술을 즐기는 사람이면 누구나 알만한 곳이다. 친구와 더불어 가볍게 한잔 나눌 수도 있고, 홍이 나면 앞에 나가서 음악에 맞추어 고고 댄스를 출수도 있었다.
나는 본래 술을 잘 안하는 편이지만, 출판사를 경영하다 보니 교제상 어쩔 수 없이 이런 곳을 찾는 경우가 있었다.
그날은 우리가 계획하고 있었던 〈한국아동문학선집〉에 소요되는 종이를 발주한 날이어서 영업부장과 N지업의 김정배(金正培)씨와 L홀을 찾았다.
나는 어쩌다 찾는 곳이라 단골 아가씨가 있을 턱이 없었다. 한참만에 키가 크고 날씬하게 생긴 아가씨가 두리번거리며 우리 자리에 들어 왔다.
"처음 뵙겠습니다."
하고 그 아가씨가 인사를 했다. 그 순간이었다.
"나는 처음 뵙는게 아닌데요. 얼마 전에도 한 번 뵈온 일이 있군요."
 "그러고 보니 저도 분명 뵈온 일은 없는데 어디서 많이 뵌 것 같이 낯이 익군요."
 "당돌한 질문을 해서 안됐습니다만 몇 년 전에 사랑하는 분과 헤어졌군요. 그것도 아주 영원히요."
 "맞아요. 그 분은 저 세상으로 가 버렸어요. 저는 너무나 억울해요."
 "처음 만났을 때 아가씨가 무턱대고 그 분을 사랑했고, 너무너무 좋아했던게 아니었던가요?"
 "맞아요. 우리는 따로따로 등산을 갔다가 산 위에서 알게 되었지요. 그 뒤 8년 동안이나 사귀었어요. 그러니까 처음 만난 것은 고등학교 시절이었어요."
 "그래서요?"
 "그 뒤 결혼을 약속하게 되었어요. 집안 어른들한테도 모두 승낙을 얻고 청첩장을 돌린 뒤였어요. 우리는 단골로 다니는 K다방에서 만나 결혼 후의 일에 대해서 여러 가지 이야기를 주고받았지요. 그때 그 분은 저에게 일생동안 자기에게 몸과 마음 다같이 충실할 수 있겠느냐고 물었어요. 저는 자신있게 그렇다고 대답했어요. 그리고 저도 되물었지요. 당신도 저에게 일생동안 충실할 수 있겠느냐고요."
 "그랬더니 뭐라고 하던가요."
 "그 분은 입가에 야릇한 미소를 띄면서 이렇게 말했어요. 그것은 당해 봐야 안다는 것이 가장 양심적인 대답이라고요. 남자란 아내를 사랑하면서도 때로는 다른 여자와 접촉할 수도 있는 것이라고요. 저는 눈 앞이 캄캄해지는 것을 느꼈어요. 지난 8년 동안 사귄 것이 모두 허사라는 생각이 들었어요. 아내를 배신하게 될 때 배신하더라도 이제 결혼도 하기 전에 이런 이야기를 하는 그와는 결혼할 생각이 없어져 버렸어요. 저는 그 길로 그이와 헤어졌어요. 저녁 늦게 전화가 걸려 오더군요. 자기가 잘못 말한 것을 사과하더군요. 이제 청첩장까지 돌린 마당에 파혼할 수는 없다는 것이었어요. 만나서 저녁식사라도 함께 하면서 마음을 풀자는 것이었어요. 저는 거절했어요. 체면 때문에 자신없는 결혼을 할 수는 없다고 했어요. 그이는 한참 설득을 하다가 풀이 죽어서 알았다고 하면서 전화를 끊었어요."

"그날 밤 사고가 났군요."

"맞았어요. 선생님은 잘도 아시는군요. 그이네 집에서 밤 늦게 전화가 걸려 왔어요. 자가용 피아트 차를 몰고 스카이웨이를 지나다가 장마 때문에 무너진 돌더미에 머리를 맞고 죽었다는 것이었어요. 자기네는 처음에는 둘이 다 참변을 당한 줄 알았는데 색시는 무사하다니 다행이라면서……. 저는 그 순간 가슴이 메어지는 것 같았어요. 제가 그이를 죽였다는 생각이 들었어요. 저의 옹졸한 마음이 남의 집 귀한 아들을 죽게 했구나 하고 느껴질 때 저는 다시는 행복해질 수 있는 자격이 없는 여자라는 생각이 들었어요. 제가 술집에 나오게 된 것도 어쩔 수 없는 양심의 가책 때문이었어요. 제 자신에게 형벌을 주어야만 마음이 편하기 때문이죠."

아가씨는 이렇게 이야기를 끝내면서 울먹이기 까지 했다.

나는 아가씨에게 이런 이야기를 들려 주었다.

때는 원(元)나라 시대였다. 물밀 듯이 유럽으로 쳐들어간 몽고군 정예부대가 지금의 핀란드 어느 고을을 점령한 일이 있었다.

몽고군 사령관은 부하를 시켜서 이 고을에서 제일 예쁜 처녀를 잡아오게 했는데 잡혀 온 처녀의 이름은 잉그릿드라고 했다.

그녀에게는 목수인 한스라는 약혼자가 있었다.

잉그릿드는 자기가 약혼한 몸임을 밝히고 놓아 주기를 간청했으나 몽고군 사령관은 크게 웃으면서 그렇다면 누가 그녀를 차지할 자격이 있는지 여러 사람들이 보는 앞에서 똑같은 조건으로 한스와 결투할 것을 자청했다.

많은 몽고군 병사들이 둘러싸고 구경하는 가운데에서 사령관과 한스는 긴 동아줄의 한쪽 끝을 잡고 단검을 쥐고 결투를 시작했다. 그러나 백전노장인 사령관과의 결투는 어이없이 간단히 끝나고 말았다.

약혼자인 한스가 피를 흘리면서 쓰러진 것을 본 순간, 잉그릿드는 자기도 모르게 한마디 비명을 지르면서 그 자리에서 기절하고 말았다.

누군지 얼굴에 찬 물을 끼얹는 바람에 정신을 차려보니 주위에는 아무도 없고 마을의 장로(長老) 한 분이 걱정스럽게 잉그릿드의 얼굴을 들여다보고 있었다.

"잉그릿드야. 내 말을 잘 들어다오. 너의 약혼자 한스는 죽었다. 이제 싫어도 너는 사령관의 아내가 되어야 한다. 놈들은 아주 이곳에 정착을 하고 안 떠날 모양이니 그들의 비위를 건드려서는 안된다. 잘못하면 이 고을 사람들이 모두 학살을 면치 못할 게다."

장로의 호소에 잉그릿드는 말없이 고개만 끄덕였다. 잉그릿드는 그 뒤 사령관의 아내가 되기는 했지만 그를 사랑하지는 않았다.

비록 몸은 사령관의 것이 되었지만 마음은 언제나 죽은 한스만을 생각하고 있었다.

처음에는 어여쁜 잉그릿드가 자기의 아내가 된 것을 좋아했던 사령관도 아내의 얼음과 같이 차가운 태도에 몹시 괴로워하게 되었다.

사령관은 자기를 사랑해 달라고 아내에게 간청을 했다. 잉그릿드는 차갑게 웃었다.

"당신은 정당한 결투를 했다고 하지만 그건 속임수였어요. 한스는 무인(武人)이 아니었단 말입니다. 그는 목수였어요. 당신은 한스를 학살한 것입니다. 제 몸을 차지했으면 되었지 이 이상 더 무엇을 바라시나요."

사령관은 마음이 약해졌다. 잉그릿드의 사랑을 얻기 위해서는 무슨 짓이라도 하겠다고 했다.

잉그릿드는 그렇다면 이번에야 말로 목숨을 걸고 산에 들어가서 혼자의 힘으로 사나운 곰을 죽여서 그 가죽을 벗겨오라고 했다. 사령관은 아내의 사랑을 얻기 위해 산 속을 찾아 들어갔으나 눈사태를 만나 죽고 말았다.

사령관이 죽은 것을 확인한 뒤에야 잉그릿드의 마음에는 사랑이 싹텄다.

하나의 속임수가 아니오, 진정으로 그가 자기를 사랑했음을 믿을 수 있었던 때문인지도 몰랐다.

그녀는 눈 속에서 파낸 사령관의 시체를 부둥켜안고 울었다. 두 사나이를 불행하게 죽게 만든 자기의 미모가 차라리 저주스럽기까지 했다. 그러자 몽고군 사령관을 따라다니던 점술사(占術家)가 그녀를 위로했다. 정 그를 사랑한다면 다음 번 세상에서 다시 그를 만날 수 있으리라고.

그런데 재미있는 것은 이때 잉그릿드를 위로한 점술사가 나 자신이라는 생각이 들었다는 점이다.

"그러니까 그 분이 교통사고로 죽은 것은 아가씨의 잘못은 아닙니다. 앞서 세상에서 아가씨의 정당한 남편이 될 사람을 죽인 죄 때문이라고 생각해 보십시오. 두 사람이 헤어지게 된 원인도 그분이 그런 이야기를 했기 때문이 아니었던가요."

"그야 그렇죠."

"하지만 걱정할 것은 없습니다. 세번째로 그 분을 다시 만날 수 있습니다. 그리고 이번에는 헤어지지 않아도 되니까요."

"그것이 어찌 가능한 일이예요. 설사 제가 다시 태어나서 그 분을 만난다고 해도 그때는 지금의 기억이 없을 테니까 아무 소용이 없는 일이 아닙니까?"

"아니 그런 뜻이 아닙니다. 보아 하니 아가씨는 굳이 이런 술집에 나오지 않아도 될 만한 가정 형편이지요. 양심의 가책 때문에 이를테면 자기 자신을 벌주기 위해서지 돈을 벌기 위해서는 아니지 않습니까?"

"그렇습니다."

"그렇다면 내일부터 술집 나오는 것은 그만 두세요. 이런 타락된 생활에서 발을 씻으세요. 아마 모르긴 해도 앞으로 반 년

이내에 혼담이 있을 거예요. 어쩌면 외국에서 참한 색시감을 구하려고 돌아 온 교포 학자이기 쉬울 거예요. 키가 크고 좀 여윈 편인……. 하여튼 아가씨가 그를 보면 처음 본 사람 같지가 않을 겁니다. 그가 바로 한스의 재생(再生)된 모습이기 때문이죠."

"정말 그럴 수가 있을까요. 선생님의 이야기는 너무너무 낭만적이어서 마치 제가 소설의 주인공이 된 기분이에요."

"그런데 말입니다. 그와 결혼하면 귀여운 첫아들을 낳게 될 겁니다. 그런데 이 아이가 성장함에 따라 사고로 죽은 전의 애인과 똑같은 모습이 될 겁니다."

"어머나!"

"이성(異性)으로서 만나 봐야 처음부터 출발이 좋지 않았기 때문에 뜻하지 않은 사고로 헤어질 운명입니다. 사랑은 오직 주는 것, 어머니와 아들의 인연을 맺는다면 훨씬 좋은 일이 아니겠어요."

옆에서 김정배씨는 술은 안 마시고 아가씨를 붙잡고 무슨 이야기를 그렇게 길게 하느냐고 짜증이다.

홀에서는 많은 남녀들이 어지럽게 춤을 추고 있었다.

그 뒤 얼마가 지난 뒤였다.

그 아가씨가 아직도 나오는지 알아보려고 L홀에 들렸더니 얼마전에 그만 두었다고 했다.

나는 이름도 기억하지 못하는 그 아가씨가 내내 행복하기를 빌면서 L홀에서 나왔다.

동리선생과 고양이이야기

얼마 전에 기회가 있어서 김동리 선생댁을 방문한 일이 있었다.

동리선생은 고양이를 기르고 계셨는데, 이 고양이를 굉장히 사랑하시는 듯 했다.

"이 고양이는 아무래도 전생(前生)에 사람이었던 것 같아요. 한번 봐 주시겠어요?"

하고 말씀하셨다.

나는 곧 공심법(空心法)을 써서 거울이 되었다. 거울에는 TV스크린에 비추듯 다음과 같은 장면들이 떠올랐다.

지금으로부터 100년 전 일이었다고 생각된다. 강원도 어느 산골에 법장사라는 작은 절이 있었다.

그 절에는 주지스님 한 분만 있는 작은 절이었다.

스님은 법명(法名)을 일석(一石)이라고 했다.

김일석 스님이었다.

스님이 즐겨 부르는 노래가 있었다.

〈나는 돌멩이로다, 길가에 딩구는
하나의 이름없는 돌멩이로다.

허나 인연 있는 중생(衆生)이 있어서
나를 주워 김칫독 속에 넣은즉
맛 있는 김장김치 익게 하는
나는 돌멩이로다. 길가에 딩구는
하나의 이름없는 돌멩이로다.〉
자신을 두고 지은 노래였다.

어느 날, 법장사의 공양모(供養母)가 스님에게 이야기를 했다.
"스님은 아무래도 원효대사님의 후신 같으세요."
"예끼, 이 사람아 그런 소리 하지도 말게, 벌 받으이. 원효대사는 큰 스님이신데 벌써 오래 전에 열반의 경지에 이르셨을 것인데 나 같은 돌중이 되어 다시 태어났을 까닭이 없네."
"아니어요, 원효스님은 병자를 보고 약사경을 읽으니 직접 병구원을 해주시라고 하신 분이니까 필시 다시 태어나셨을 것입니다. 말세(末世)에는 여기 저기 원효를 낳다는 이야기가 떠돈다는 말씀도 있지 않아요."
"허허…… 이 사람 그런 소리 하는 것 아니래도……. 또 설사 원효스님이 거듭 태어났다고 해도 분명 나는 아닐세."
"그래도 저는 일석스님이 원효스님 같기만 한데요."
"아니, 내가 모르는 내 전생을 자네가 알고 있다면 자네가 나보다 도(道)가 높으이. 오늘부터 내 스승이 되어 주어야겠네."
하고 일석스님은 몸을 흔들며 크게 웃었다.

　공양모가 말했다.

　"이 다음에 스님이 다시 태어나게 되시거든 축생(畜生)이라도 좋으니까 저도 스님 곁에 다시 태어나게 해주시어요."

　"이 사람, 점점 괴이한 소리만 하는구먼. 하필이면 축생(畜生)이 되기를 원한단 말인가?"

　"사람으로 태어나면 고작해야 스님을 모시는 상좌 밖에 더 되겠어요. 하지만 고양이로 태어난다면 지금 저 고양이처럼 스님의 사랑을 독차지 할게 아니에요."
하고 공양모는 서글프게 웃었다.

　공양모의 소원이 그대로 이루어져서 일석스님이 다시 태어난 동리선생의 댁에 지금 와서 이렇게 사랑을 받게 된 것이라고 나는 고양이의 내력을 이야기했다.

　일체 유심조(唯心造)라 무심히 뱉은 말이 씨앗이 되어 열매를 맺게 되어 다음 번 세상에 그 소원이 이루어지니 정말 삼가할 것은 입이라고 생각된다.

원효대사와 요석공주이야기

　춘원 이광수(李光洙)선생이 쓴 작품 가운데 《원효대사》라는 역사소설이 있다.
　나는 국민학교 어린 시절[그때는 8·15 전이었다]에 신문에 연재되는 원효대사를 읽은 기억이 있다.
　열 살 전후의 어린 나였지만 나름대로 큰 감명을 받았던 것으로 기억한다.
　그 뒤 대학을 졸업할 무렵, 나는 졸업논문으로 춘원연구(春園硏究)를 택하였기에 다시 《원효대사》를 읽을 기회가 있었다.
　역시 큰 감명을 받았지만, 어렸을 때 읽고 얻은 감명이 더 컸던 것으로 생각된다.
　요석궁으로 끌려가는 장면은 특히 어린 나에게 큰 충격을 주었고, 대안대사와 너구리 새끼의 시체를 앞에 놓고 주고받은 원효대사하고의 대화도 마찬가지로 깊은 감동을 주었다.
　그때, 나는 왜 그런지 '원효대사'가 남 같지 않았다.
　아득히 먼 옛날에 직접 내 자신이 체험한 것과 같은 생생한 느낌이 있었던 것은 정말 이상한 일이 아닐 수 없었다.

지금부터 약 10년 전 일이었다고 기억된다. 내가 사람들에게는 전생이 있다는 것을 믿게 되고, 전생을 조사할 수 있는 영사능력이 생긴 지 5년째 되던 어느 날이었다.

한 중년부인이 어린 딸을 데리고 나를 찾아왔다.

그녀를 본 순간, 나는 요석공주가 재생했다는 느낌이 들었다.

그 부인은 꽤 오랫동안 나를 찾아 왔고, 그녀가 갖고 있던 복잡한 문제가 해결되었던 것으로 기억한다.

그때만 해도 나는 인간의 영혼이 분열증식을 하고, 분령체(分靈體)가 되어서 같은 영혼이 여러 사람으로 변하여 태어날 수도 있다는 사실을 모르던 때였다.

그러나 실제에 있어서 재생하는 과정에서 영혼은 여러 사람이 되어서 태어나 많은 경험을 쌓게 되고, 죽고 난 뒤 하나로 합친다는 것을 안 뒤로는 하필 요석공주가 하나만일 수는 없다는 것을 알게 되었다.

아니나 다를까 5년이 지난 뒤에 두번째 요석공주가 나타났고, 이어 얼마 있다가 세번째 요석공주가 나타났다.

그들의 공통점은 얼굴 모습이 거의 같다는 것이었다. 처지도 비슷했다.

그리고 두번째 요석공주가 나타났을 때, 요석공주의 전생이 누구였다는 것을 알았고, 전생이 누구였나도 알게 되었다.

정말 놀라운 일이었다.

요석공주의 전생은 놀랍게도 부처였다. 성인(聖人)인 부처님은 이미 오래 전에 열반의 경지에 들어가서 육신을 지닌 인간으로 다시 태어날 까닭이 없다고 생각했기에 나는 나의 영사 결과가 얼른 믿어지지 않았다.

  나의 영사(靈査)가 잘못된 것이려니 생각했다. 다시 한번 공심(空心) 상태로 돌아갔다. 그래서 알게 된 것은 다음과 같은 놀라운 사실이었다.

  부처는 여성(女性)을 마성(魔性)을 지닌 존재라고 했다. 사문(沙門)이 범해서는 안될 죄의 하나로서 여성과 성관계를 갖는 것을 들었다. 그러나 이것은 낳아준 어머니를 욕되게 함이고 자식을 낳아준 아내를 욕되게 하는 말이 아닐 수 없다. 자연은 그대로가 하늘이 정해준 법도이며, 인간이 자연을 죄스러운 존재라고 할 수는 없는 일이었다.

  이 때문에 우주를 지배하는 인과법(因果法)에 의하여 부처는 오랜 세월이 흐른 뒤, 동방의 해돋는 나라, 신라의 서라벌에서 석가가 왕의 아들로 태어났던 것과 같이 이번에는 공주의 몸으로 태어난 것이라고 했다.

  석가의 어머니와 아내는 복합령이 되어서 원효대사가 되었고, 석가는 전생에서 당신을 낳아준 어머니를 욕되게 했고, 아내를 저버린 몸이었기에 이들의 화신인 원효대사를 안타깝게 사모해야만 했던 것으로 생각된다.

  인과법이 얼마나 무섭다는 것을 나는 몸서리치게 깨닫지 않을 수 없었다. 부처는 성인(聖人)으로 믿어 의심치 않고 조석으로 경배드리는 불교도들이 들으면 펄쩍 뛸 이야기가 아닌가.

  내 앞으로 두번째 나타난 요석공주는 특이체질을 가진 여인이었다. 음식을 먹지 못하고 물만 마시고 산다고 했다. 얼른 믿을 수 없는 이야기였지만, 사실이라고 하니 받아들이는 수밖에 없었다.

그런데 그녀가 결혼을 했고 남과 같이 아이를 가졌는데 과연 무사히 아기를 낳을 수 있을까 걱정이 되어서 나를 찾아왔다.

"열달만에 아기를 낳기는 어려울 겁니다. 억지로 낳는다면 미숙아가 되겠지요. 열 두달만에야 제대로 자란 아기를 낳을 것 같군요."

나는 상식에 없는 이런 이야기를 하는 내 자신이 어처구니가 없었다.

그녀는 알았다고 이야기하고 돌아갔다.

그로부터 1년쯤 뒤였다.

그녀가 다시 나를 찾아왔다.

"열 두달에서 일주일 모자라는 날에 딸을 낳았어요."
하고 그녀는 보고를 했다.

그래서 나는 나의 판단이 비슷하게 들어맞았음을 알 수가 있었다.

그로부터 몇 달이 지난 뒤에 세번째의 요석공주가 내 앞에 나타났다.

젊어서는 미스 전남으로 뽑혀서 미스 코리아 경연대회에도 나간 적이 있다는 미인이었다. 지금은 중년이 넘어서 살이 찐 탓으로 별로였지만 젊어서 몸이 날씬할 때는 미인으로 능히 뽑혔을 것 같은 인상을 주는 여인이었다.

그녀는 일찍 남편을 여의였고 슬하에는 두 아들이 있다고 했다.

"아직 직접 만나보지 않아서 장담은 할 수 없지만 당신의 아들은 설총이 재생한 것 같군요."

하고 나는 말을 했다.
　여러 달이 지난 뒤, 그녀는 막내아들을 데리고 왔다.
　나는 놀라지 않을 수 없었다.
　KBS에서 방영된 〈원효대사〉에 등장하는 설총과 너무나도 닮은 모습이었기 때문이었다.
　"전생에서 원효대사는 설총에게 아무 것도 해준 것이 없다. 마찬가지로 나도 그대에게 해줄 것은 아무 것도 없다. 다만 설총의 재생인 것만은 틀림없는 것 같으니 열심히 노력을 해서 설총과 같은 훌륭한 인물이 되기를 바랄 따름이다."
하고 나서 그녀의 아들을 앞에 놓고 이야기했다.
　지나간 1000여년의 긴 세월이 순간에 지나는 것 같은 느낌이었다.
　내 앞에 앉아 있는 소년의 어머니가 진정 요석공주같이 느껴졌고, 원효대사가 요석궁에서 보낸 사흘 동안에 일어났던 일들이 어제 일같이 생생하게 눈 앞에 떠오르는 듯 했다.
　참으로 묘한 체험이었다.
　요석공주의 아들은 신묘한 듯 내 말에 귀를 기울였다.
　이들이 내 앞을 떠난 지 여러 달이 지났지만 아직 아무런 소식이 없다.
　원효대사의 영혼이 분령(分靈)의 형태로 내 마음 속에 분명히 자리잡고 있음을 확신한 순간이기도 했다.

서왕모(西王母) 이야기

 서왕모(西王母)란, 중국의 전설 속에 등장하는 여자 선인(女子仙人)의 시조에 해당되는 여인이다.
 유명한 《서유기(西遊記)》에서는 손오공이 서왕모가 관리하고 있는 천도원(天桃園)을 쑥밭으로 만들므로써 큰 소동이 일어나는 대목이 있다.
 물론 서유기란 한낱 소설에 지나지 않으며, 서왕모란 신화 속에 등장하는 여주인공에 지나지 않는 셈이지만, 그 서왕모가 실존하는 존재여서, 그 분령체(分靈體)로서 태어난 여인이 나를 찾아온 일이 있다면, 여러분은 아마 믿지 않으리라고 생각한다. 거짓말도 좀 쉬엄쉬엄 하라고 할 사람도 많으리라고 생각한다.
 그런데 그런 일이 실제로 일어났다.
 내 체질개선 연구원은 회원제로 운영되는데 그 회원 가운데 한 사람인 최여사는 매우 특이한 체질을 갖고 있었다.
 어느날 꿈을 꾸었는데, 꿈 속에 거대한 여인이 나타나고, 그 여인의 딱 벌린 입 속으로 수많은 궁녀들이 줄지어 들어가더라는 것이었다.

꿈속에서도 이것 큰일이 났구나 하고 생각했는데, 꿈에서 깨어서 생각해 보니, 아무래도 그 거대한 여인상(女人像)의 얼굴이 자기 자신의 얼굴같은 느낌이 들었다는 것이었다. 그러자 그 다음날부터 최여사의 몸은 전신이 화상을 입은 것 같은 모양의 끔찍스러운 피부병이 발생했다는 것이었다.

식중독에 걸린 일도 없고, 그밖에도 다른 원인도 짐작이 가는게 없는데 아무리 좋은 약을 써도 전혀 효과가 없었다는 이야기였다.

더구나 최여사는 약사였고, 손수 약국을 둘이나 경영하고 있었다.

평소에 악성피부병 때문에 고생하는 환자들을 나름대로 처방한 약으로 많은 매상을 올린 일도 있었다.

그러나 어떤 좋은 약도 그녀의 피부병에는 효과가 없었다는 것이었다.

최여사는 독실한 불교신자여서 영장(靈障)이라는 현상에 대해서도 거의 전문가에 가까운 지식을 갖고 있었다.

그런 최여사가 생각할 때, 아무래도 얼마 전에 꾼 해괴한 꿈에 원인이 있는 것처럼 생각이 들었다고 한다.

집단령(集團靈)에 의한 빙의현상이라는 확고한 생각이 들었기 때문에 나를 찾아 왔노라고 했다.

영사를 해보니 그녀의 짐작이 맞았음이 드러났다. 최여사는 전생(前生)에서 조선시대에 궁녀로서 일생을 보낸 일이 있으며, 그 무렵 어떤 사건을 일으켜서 사형당한 장희빈의 영혼이 빙의되어 있을 뿐만 아니라 조선 500년 동안에 남모르는 한을 품고 죽어간 수많은 궁녀들의 영혼이 그녀를 의지해서 들어온 게 밝혀졌다.

옛날 궁궐에서는 궁녀들은 죽어도 무덤에 묻히는 일이 없었고, 그대로 거적에 둘둘 말아서 길거리에 내버렸다고 한다.

어째서 그런 이상야릇한 풍속이 있었는지 나도 그 원인을 모르지만, 그 때문에 궁녀의 시체는 여우나 들개의 먹이가 되게 마련이라는 것이다.

어느 의미에서 조선이 건국한 뒤, 500여년만에 멸망하게 된 것도, 어쩌면 이 수많은 궁녀들의 원한이 눈덩이처럼 커져서 사람들의 마음을 부정적인 방향으로 움직여 무서운 파괴력을 발휘한 탓인지도 모른다는 것이 나의 생각이다.

어쨌든 나는 영사한 결과에 따라서 제령(除靈)을 해주었다.

그러자 이상스럽게도 바로 그날부터 마치 언제 그랬었느냐는 듯이 그 끔찍스러운 피부병이 깨끗이 나았다는 것이다.

그래서 나도 안심을 했는데, 웬걸 그 뒤 한달쯤 지나서 최여사는 또 다시 먼저보다도 더 심한 피부병 환자가 되어서 나를 찾아왔다.

"또 이상한 꿈을 꾸었어요. 거대한 용에게 겁탈 당하는 꿈을 꾸었는데, 꿈 속에서 자세히 보니까 그 용은 진짜 용이 아니라 구름떼처럼 모여 든 왕지네들이 용의 모습을 한 것이었어요."

과연 옛부터 우리나라에서는 왕지네를 잡아서 한약제로 써 온 게 사실인데, 작은 벌레에도 나름대로 혼이 있어서 지나간 3000년 동안 한국인들의 손에 의해서 죽은 왕지네들의 넋이

대군을 이루어 구제받기 위하여 최여사의 몸을 덮쳤음이 분명했다.

"그대들은 사람의 손에 죽임을 당해서 우선 원통하겠지만, 그것은 이미 아득한 옛날 일이고, 또 설사 사람에 의하여 죽임을 당하지 않았더라도 지금까지 살아있을 까닭은 없는 일. 너그럽게 사람들의 잘못을 용서하고 유계(幽界)로 가 준다면, 그것은 바로 부처님의 자비스러운 마음을 갖는 것이 아니겠는가. 그와 같은 심경에 이르기만 한다면 또다시 벌레의 탈을 쓰고 태어나는 일은 없으리라. 그대들이 간절히 원한다면 다음 세상에서는 인간으로도 재생(再生)이 가능하리라."

라고 설득한 결과, 용의 모습으로 되어 있던 왕지네들은 무사히 유계(幽界)로 가게 되었다.

그와 동시에 최여사의 이상한 피부병도 또 다시 흔적도 없이 사라졌음은 물론이다.

이제는 괜찮겠지 하고 안심을 하고 있었더니 또 다시 그로부터 한달 뒤에 최여사는 전과 똑같은 무서운 몰골이 되어서 나를 찾아왔다.

"웬일이죠! 또?"

나도 짜증이 나서 약간 퉁명스럽게 물었더니,

"이번에는 또 다시 꿈속에서 수많은 어린 아이들에게 둘러싸인 겁니다. 아무래도 인공유산시킨 태아의 영혼들이 들어온 모양입니다."

하고 한숨을 쉬는게 아닌가.

"도대체 무슨 이유로 저는 몇 번씩이나 비슷한 원인 때문에 혼이 나야만 하는 거죠?"
하고 최여사는 울음이 터질 것만 같은 표정을 짓고 있었다.
"그것은 부인의 유체(幽體)가 너무 발달되어 있기 때문에, 갈 곳이 없는 망령들이 의지해 들어오기 때문이라고 생각됩니다."
"저는 정말 미칠 것만 같습니다. 이번에야말로 좋아졌거니 하면, 한달이 지나기 무섭게 똑같은 일이 일어나니 더는 견딜 수가 없군요. 근본적인 원인을 없애주세요. 제발 부탁입니다."
정말 딱한 일이 아닐 수 없었다.
나도 여러 가지로 곰곰이 생각한 끝에 청평에 있는 나의 별장에 가서 제령을 해주기로 정했다.
청평댐 못 미쳐서 맞은 편 기슭에 나의 별장이 있는데, 일년에 한 두번 가기도 어려운 곳이다.
평소에는 빈 집인데, 별장 바로 뒤에 있는 산이 피라미드형이고, 별장의 이층은 호수의 수면에서 3분의 1, 산의 정상에서 3분의 2에 해당되는 특수한 장소다.
이층 방 창문에서는 밤하늘의 북극성(北極星)이 정면으로 보이고, 영계(靈界)로 향하는 문이 열리는 4차원적인 힘의 장을 이루곤 하는 곳이다.
나는 지금까지 서울의 시술실에서는 아무래도 좋은 결과를 얻지 못했던 사람들을 이곳에 데려와서 제령을 해서 좋은 결과를 얻은게 많았지만, 서울에서 2시간 가까이 걸리는 교외(郊外)여서 특별한 경우 외에는 찾아오지 않았다.
최여사의 경우가 바로 그 특별한 경우라고 생각되었기 때문에 별장에 데리고 갔던 것인데, 이때에는 한국동란때 서울에서 비명횡사해서 지박령(地縛靈)이 되어 있던 수많은 망령들을 전부 빠짐없이 유계로 보냈던 것이다.

이때 계시가 있어서 최여사의 본체(本體)는 선계(仙界)에 계시는 서왕모(西王母)라는 사실이 밝혀졌다.

나도 그때까지는 서왕모란 단순한 전설 속의 인물인 줄만 알았었는데 그렇지 않다는 사실을 깨닫게 되었다.

결국 아득한 옛날에 지구를 찾아온 우주의 여신(女神)이라는게 밝혀졌고, 이번에는 어떤 사명이 있어서 선계(仙界)에서 그 분령체(分靈體)를 인간 세상에 보내서 여러 가지 수련을 쌓게 하였다는 것이다.

요기 안타레스 이야기

나는 몇 년 전에 중앙일보사(中央日報社)에서 발행하고 있는 〈주간중앙〉에 약 7개월에 걸쳐서 〈방랑4차원〉이라는 장편 에세이를 연재한 일이 있었다.

이때까지 발행 부수가 날로 줄어들어서 고전을 하고 있었던 〈주간중앙〉이 이상하게도 〈방랑4차원〉의 연재와 더불어 새로운 독자가 늘어났다고 편집자가 기뻐했다. 그 뒤 나는 〈주간중앙〉과 인연이 다한 듯 원고 청탁이 전혀 없었다.

그런데 어느 날 아침, 갑자기 〈주간중앙〉 사무실을 찾고 싶다는 강한 충동을 느꼈다. 그러나 나는 굉장히 바쁜 스케줄에 쫓기고 있는 몸이라, 까닭없는 한낱 충동으로서 묵살을 하고 말았다. 그러나 이상스럽게도 다음 날에도 또 그 다음 날에도 아침이 되면 똑같은 강한 충동을 느꼈다.

이것은 무엇인지 까닭이 있겠구나 생각한 나는 사흘째 되던 날 아침에 아무런 예고도 없이 편집국을 찾아 갔다.

가보니 여지껏 내가 알고 있던 대부분의 기자들은 자리가 바뀌었고, 나의 글을 연재하던 당시의 편집장도 미국 지사로 자리를 옮겨서 아는 얼굴이 전혀 없었다.
 실망한 내가 그냥 돌아서려고 했을 때였다. 바로 얼마 전에 인사를 나눈 신임 편집장이 이런 말을 했다.
 "안선생님, 시간이 있으시거든 2~3일 후에 요기 안타레스라는 미국 사람과 한번 만나 주시지 않겠습니까?"
 "그는 어떤 사람이죠?"
 "들은 바에 의하면, 미국의 바크레이 대학에서 원자물리학(原子物理學)을 전공했고, 인도에서 여러 해에 걸쳐서 군다리니 요가를 연구한 사람이라고 합니다. 안선생님과 대담을 한다면 무엇인가 재미있는 이야기가 나올 것 같아서 그러는 겁니다."
 나는 쾌히 승낙하였다.
 약속된 시간에 요기 안타레스와 예정대로 만나서 대담을 하기는 했으나, 결국 이 대담은 기사가 되지는 않았다. 주간지 편집장 말에 의하면, 나와 안타레스가 능력에 너무나 차이가 있어서, 자기네들 보기에 안타레스는 나의 제자 정도 밖에 되지 않기 때문에 만일 기사를 내보내면 앞서 낸 안타레스에 관한 글이 죽기 때문이라는 것이었다. 그러나 그 일이 좋은 기회가 되어서 나는 안타레스를 제자로 삼을 수 있었다. 서양인으로서 나의 제자가 된 것은 그가 처음인 셈이었다.
 안타레스는 군다리니 요가로 상당한 경지에 도달한 인물인 게 분명했다. 처음에는 내가 주장하는 '옴 진동수'의 원리라든가 '체질개선법'의 이론에 대해서도 한편으로는 찬성하면서 약간의 저항을 표시했었지만, 안타레스 자신이 직접 '옴 진동수'를 마시게 된 뒤로는 갑자기 생각이 바뀌게 되었다.

안타레스는 내가 연구한 새로운 심령학 이론에 대하여 영어로 책을 쓰고 싶다고 했지만, 그는 아직껏 책을 써 본 일이 없었다.

그래서 나는 안타레스에게 과연 책을 쓸 수 있는 재능이 있는지 시험해 보기로 했다.

그 방법으로서, 매일 한 시간 안타레스와 만나서 내가 출판한 심령문답의 내용을 내가 그 자리에서 읽으면서 영역(英譯)을 해서 읽고, 그것을 녹음시킨 것을 대본삼아서 안타레스에게 영문으로 쓰게 했다.

물론 나는 영문학을 전공하지 않았기 때문에 내가 구술(口述)하는 영문이 완전할 리 없었다.

그런 불완전한 내용의 구술문(口述文)을 그가 어떻게 수정해서 훌륭한, 아니 적어도 읽을 수 있는 서투르지 않은 영문으로 고쳐 쓸 수 있는가를 보고 나는 판단을 내릴 생각이었다.

안타레스는 무전 여행가이기 때문에 그에게 돈의 여유가 있을 까닭이 없기에, 그동안의 비용은 전부 내가 부담하기로 했다.

그래서 우선 그를 나의 집 근처에 하숙을 시키고, 동시에 그를 초능력자로 양성하기 위해서 필요한 것들을 전부 마련해 주었다.

한달 동안 시험해보아서 좋은 결과가 나오면, 그때부터는 필요한 경비는 장차 그에게 지불할 원고료에서 빼겠다는 생각이었다.

그런데 안타레스와 영어 대화를 하는 동안에 나의 영어 실력이 내가 생각해도 이상하게 여겨지리만큼 급속도로 향상되었다.

한달쯤 지났을 무렵에 나는 준비한 원고없이 미국인 청중들 앞에서 2~3시간 정도 즉석 연설을 할 수 있다는 자신감이 생기기까지 했다.

어느 의미에서 안타레스는 나보다도 훨씬 서투른 영어를 구사하는 셈이 되었다.

안타레스가 글 쓰는 능력이 없어서 영어책 출판이 불가능해진다고 해도 내가 지불한 비용은 충분히 보상받은 셈이었다.

더욱 다행스러운 일은, 처음에 염려했던 것보다도 뜻밖에 안타레스에게는 문필(文筆)에 대한 재능이 있음을 발견했다.

그때 안타레스가 타이핑한 영문 원고가 기본이 되어 후에 나는 《100가지 심령학에 대한 질문》이라는 영문판을 출판하게 되었다.

하여튼 나하고는 각별한 인연이 있는 젊은이라고 생각되었기 때문에 어느날, 나는 과연 그와는 어떤 인연이 있는 것인지 영사해 보기로 했다.

그 영사의 결과는 정말 놀라웠다.

그 이야기를 이제부터 적어 보고저 한다.

인도 히말라야의 깊은 산 속에 바바지라는 위대한 성자(聖者)가 살고 있었다.

어느 날, 이 성자의 일단(一團)은 낯선 한 사나이의 뜻하지 않은 침입에 의해 방해를 받은 일이 있었다.

그는 성자가 거처하는 천막 근처에 높이 솟아 있는 험준한 바위 선반에 놀랍도록 교묘하게 올라 왔다.

"선생님은 위대한 바바지가 틀림없으십니다."
그 사나이의 얼굴은 형용하기 어려울 정도로 존경심에 빛나고 있었다.
"저는 지난 몇 달 동안 오직 당신을 찾아서 이 험준한 벼랑이 솟은 산 속을 여기 저기 헤매었습니다. 제발 저를 당신의 제자로 삼아 주십시오."
바바지로부터 아무런 대답을 얻지 못하자, 사나이는 갈라진 바위틈을 가리키면서 말했다.
"만일 제자로 받아들이지 않는다면, 저는 저 바위에 몸을 던져 죽어 버리고 말겠습니다. 선생님으로부터 영적인 지도를 받지 못한다면 저는 더 이상 살아 있어도 아무런 뜻이 없는 인생입니다."
"그렇다면 뛰어 내리는게 좋겠구나."
바바지는 차갑게 대답했다.
"나는 그대를 지금 상태로서는 제자로 삼을 수가 없기 때문이다."
사나이는 느닷없이 벼랑 아래로 몸을 던졌다. 바바지는 넋을 잃고 바라다보고 있는 제자들에게 사나이의 시체를 수습해 오라고 했다.
그들은 보기에도 끔찍스러운 사나이의 시체를 수습하여 돌아왔다. 바바지는 시체 위에 손을 얹었다. 그러자 이게 어찌된 일인가? 사나이는 두 눈을 번쩍 뜨고 전능한 대사(大師) 앞에 조심조심 엎드렸다.
"이것으로서 그대는 나의 제자가 될 수 있는 자격이 생긴 것이다. 그대는 용감하게도 이 어려운 시련을 견디고 이겨 냈다. 이제야 말로 그대는 우리들 무리 속에 들어올 수 있게 된 것이다."

죽음에서 되살아 난 자를 빙그레 웃는 얼굴로 바라보면서 바바지는 이야기를 계속했다.

"그대의 보기드문 용기를 보고 나는 그대를 제자로 삼겠다. 이제부터 아득한 미래를 위하여 그대들에게 커다란 일을 주려고 한다. 이곳에 있는 라히리 마하사야와 함께 그대는 어느 날엔가 죽음의 관문을 지나서 새로운 육체를 갖고 재생하게 되리라. 그대가 다시 태어날 곳은 미국이라는 나라, 라히리가 재생할 곳은 동양의 끝에 있는 작은 한국이라는 나라가 될 것이니라. 그때는 세상의 종말이 가까워진 때이리라. 라히리는 '옴 진동수'의 원리를 발견하여 그 생명수를 널리 온 세상에 보급함으로써 '세상을 바로 잡는'일을 하게 될 것이고, 그대는 그의 제자가 되어 미국을 통하여 라히리의 이론을 세상에 퍼뜨리게 되리라! 그대들의 출현은 이미 노스트라다무스에 의하여 예언이 되었다. 노스트라다무스의 예언 속에 그대들에 대하여 쓰여져 있는 부분을 읽어 주리라."

바바지는 낭랑한 목소리로 다음과 같이 말했다.

"그때 커다란 동양인이 우뚝 서게 된다. 커다란 동양인이 종말(終末) 가까이 되어서 커다란 일을 일으킬 때, 그 나라도 그 속에 말려 들어가게 된다. 그래도 그 나라는 밧줄 위를 걷듯이 아슬아슬하게 걸어간다. 헤르메스의 극한까지 간다. 거대한 지식산업의 나라가 된다. 그리고 결국 헤리메스와 똑같은 운명이 그 나라를 기다리게 되리라."

이 예언 속에서 커다란 동양인이란, 하나의 개인을 뜻하는 것은 아니다. 옴 진동수의 힘에 의하여 새로운 인류로 변신한 사람들을 가리킨 말인 것이다. 헤르메스는 저승의 안내인이 되었거니와 그 나라는 사람들을 새로운 세계로 안내하는 역할을 맡게 된다는 뜻이다.

사람은 누구나 죽어서 저승에 가지 않고서는 거듭 태어날 수 없는 것이기 때문이다.

바바지는 아득히 먼 하늘을 꿈꾸듯이 바라다 보더니,

"그리고 아주 중요한 것이 있다. 노스트라다무스는 말했다. 그때 '별개의 것'이 나타나서 이미 그들의 왕국을 이룩했다면 나의 예언은 전부 거짓말이 되리라. 인류는 멸망하지 않고 괴로운 대로 그 목숨을 이어가리라. 인류의 종말은 아마도 뒤로 미루어지리라. 별개의 존재가 나타나기만 한다면……. 라고 말했거니와 그 별개의 것이란 그대들이 재생한 세상에서 별개의 것으로서 가능한 한 많은 사람들을 옴 진동수 가족이 되게 한다는 뜻인 것이다.

그대들은 별개의 것으로서 거듭 낳게 되리라.

이렇게 말하고 그는 '자, 천막을 거두고 떠나자!'는 출발 신호와 함께 산에서 모습을 감추었다."

나는 지금, 이 글을 쓰면서 마음이 떨림을 느낀다.

《요가 행자의 인생》《성자 요가난다의 자서전》은 내가 지난 날 애독한 책이다.

이상한 인연으로 어떤 사람으로부터 이 책을 빌려 읽고, 나는 내가 전생에서 분명히 바바지의 제자들 가운데 하나였음을 확신했던 것이다.

그때는 내가 40살이 되던 1월 2일 밤이었다.

그 때까지 나는 아직 창조주이신 하느님의 존재를 분명히 믿지 않았었기에 구체적인 인물인 바바지를 향해 기도를 올렸다.

―저는 지금의 아내와 결혼하여 과거 10년 동안 행복하게 지냈습니다. 지금 곧 죽는다고 해도 조금도 후회는 하지 않습니다. 저승으로 데리고 가셔도 좋고 만일 연명(延命)이 된다면 이제부터는 제자신 보다는 많은 동포들을 위하여 무엇인가 봉사할 수 있는 사람으로서 살아갈 생각입니다. 그러나 제 뜻대로가 아니고 선생님의 뜻대로 하여 주십시오.―

그날 밤, 나는 죽었던 것이다. 정확하게 말하면, 유체이탈을 했음이 분명했다.

그때 나는 나의 전생 가운데 하나가 다름 아닌 라히리 마하사야였음을 바바지로부터 꿈속에서 고(告)함을 받았다.

그러나 얼마 지나지 않아서 나는 대한제국 말기에 살았던 강증산(姜甑山)도 또한 나 자신의 전생의 모습이었음을 깨닫게 되었다.

나는 강증산과 열 다섯가지 공통점을 지니고 있었다. 그러나 여기서 모순이 생겼다.

라히리 마하사야와 강증산은 거의 같은 시대에 살았던 인물이기 때문이다. 처음에 나는 라히리 마하사야와 강증산 두사람의 재생을 도저히 믿을 수 없었다.

그런데 인간이란 재생하는 과정에서 같은 인생의 목적을 가진 영혼들이 유계에서 합체하여 하나의 육체를 갖고 태어난다는 복합령(複合靈)의 이론을 알게 된 순간, 이 문제는 해결이 되었다.

내가 강조하고 싶은 것은 나의 전생이 강증산이었고, 라히리 마하사야였음을 여기서 분명히 증명할 수는 없지만 그것이 사실이라고 굳게 믿고 세계 인류를 구출하는 일에 전념한다면 그것으로 충분하다고 본다.

오늘 있었던 일도, 내일 일어날 일들도 잘 기억하지 못하고 살아가는 것이 이 세상사가 아니겠는가? 자신의 전생이 누구였었는지 확인하는 것이 불가능한 것은 사실이다.

그 누구이든 이제부터 어떤 인간으로서 살아갈 것인가, 그것만이 중요한 것이다.

과거세(過去世)에서 하나의 평범한 사람이었다고 생각하기보다는 강증산이나 라히리 마하사야와 같은 위대한 인간이었다고 생각하면, 그만큼 나의 책임감은 커질 것이다.

이야기는 또 다시 앞으로 돌아가거니와 요기 안타레스는 장차 훌륭한 저술가가 되리라고 나는 믿고 있다.

우리들이 서로 굳게 협력만 할 수 있다면 큰 일을 성취할 수 있으리라고 기대하고 있다.

염력(念力)에 대한 이야기

나는 한 달이면 몇 번씩 충무로 뒷골목에 있는 헌 책방에 들르곤 하는 버릇이 있다. 미군부대에서 흘러나온 포켓북과 공상과학 책을 구입하기 위해서이다.

그날도 어느 헌 책방 한 군데서 우연히 두 젊은이를 알게 되었다.

그들은 〈요가〉에 대한 책을 찾고 있었다. 그들과 요가에 대한 이야기를 나누던 끝에 어쩐지 그냥 헤어지기가 서운해서 나는 가까운 제과점으로 그들을 안내했다.

자리에 앉자마자,

"안선생님, 불교에서는 길에서 소매가 스치기만 해도 삼생의 인연이 있다고 하지 않습니까? 또 지금 자기가 어떤 환경에 처해 있든 앞의 세상에서 한 일의 결과라고 하는데 그게 사실입니까?"

나와 마주 앉은 젊은이가 물었다.

"사실일 거예요. 우선 가까운 예를 들어 보죠. 혹시 제약회사에서 일하고 있지 않습니까?"

"그걸 어떻게 아십니까?"

"내 질문에 대답만 하세요. 여름철에 수영을 하러 갈 경우, 살갗이 까맣게 탔다가 허물을 벗는 이가 있고 빨갛게 되었다가 다시 하얘지는 이가 있는데 후자가 아닙니까?"

"그것도 맞습니다."

"그리고 회사에서 전기 기계나 통신 기계 같은 게 고장났을 경우, 이런 기계에 대한 예비지식이 전혀 없는 데도 어디가 고장났는지 발견한 일이 있지요?"

"그것도 맞아요."

"지금 회사 일로 필라델피아로 갈 준비를 하고 있지요?"

"그것도 맞습니다. 정말 놀랍습니다. 저는 아무런 힌트도 안 드렸는데, 혹시 독심술을 쓰시는게 아니세요?"

"아닙니다. 이제 필라델피아에 가시면 알겠지만 시내 관광을 하다 보면 아주 낯익은 곳이 있을 거예요. 마치 오래 전에 살던 곳과 같은……"

나는 그 젊은이에게 계속해서 이야기를 들려 주었다.

"1945년 이른 봄이었어요. 동경을 폭격하고 기지로 돌아가던 B29 1대가 기관고장을 일으켜서 그만 바다에 추락한 사건이 있었지요. 이 폭격기 안에는 20세의 젊은 통신병 한 사람이 타고 있었는데 그는 부모가 약학을 전공하라는 것을 마다하고 자기의 취미를 살려서 통신병이 된 것을 안타깝게 후회했어요. 그리고 미국인으로 태어났기에 이같은 끔찍한 죽음을 당하는 것이라고 생각한 나머지 아예 다음 번 세상에는 차라리 얼굴이 노오란 황인종이 될지언정 미국인은 되고 싶지 않다고 생각했습니다."

"그리고 보니 제 생일이 1946년 8월이기도 하군요."

"가령 말입니다. 그 젊은이의 죽는 순간의 간절한 소망이 이루어져서 한국인인 미스터 오가 탄생했다고 생각해 봅시다. 우리는 세가지 사실을 깨닫게 됩니다. 영혼에는 민족과 국가의 차별이 없다는 것, 모든 것은 자기 소망의 결과니까 그 누구를 원망할 것도 못된다는 것, 생각한다는 것은 실행하는 것과 같다는 것, 그러니까 항상 올바른 생각만 하도록 노력해야겠죠. 그리고 또 한가지가 있죠. 사람이 죽으면 모든 게 끝장이 아니라는 것 말입니다."

"그렇지요. 죽는 게 끝이 아니에요. 새로운 인생을 살기 위해서 잠시 대기상태로 들어가는 것이라고 하는 게 좋겠지요."

나는 그날 미스터 오 친구라는 또 한명의 젊은이에 대해서도 많은 이야기를 해주었지만, 그는 젊은이면서도 80살쯤 된 노승의 얼굴을 지녔기에 그의 전생에 대한 이야기는 좀더 색다른 것이었다.

그는 신라시대에 생존했던 스님이었다. 유행병으로 많은 사람들이 죽어가는 것을 보고 다음 세상에는 병든 사람을 직접 살려내는 의사가 되기를 소망했기에 약학을 전공하게 된 것이라고 말해 주었다.

앞으로 10년 안에 아주 놀라운 신약(新藥), 이를테면 암 같은 병을 고치는 약을 발견해 낼지도 모른다는 이야기를 한 것으로 기억한다.

청의동자(青衣童子) 이야기

선친께서 돌아가시기 전에 입원하셨던 약수동 '단식요원'인 연합병원에서 내가 경험한 일이다.

나는 그때 한 달 가까이 어떤 때는 하루 건너, 어떤 때는 거의 매일 밤을 병원에서 새우다시피 했다.

내 건강이 유지된 것은 아침마다 하는 요가체조 덕분이었다. 그날 저녁 나는 입원 환자의 가족들이 기다리고 있는 대합실에 나왔다가 다섯살 가량 되는 어린 여자애를 보았다.

그런데 그 여자애는 얼굴이 어린 아이의 얼굴이 아니었다.

깊은 신앙을 가진 노부인이 주는 인상 바로 그것이었다.

"아기의 부모님들이 독실한 기독교 신자들이시군요."

"그걸 어떻게 아십니까?"

"그렇지 않고서야 이런 어진 따님을 두셨을 까닭이 없죠. 아이는 전생에서도 독실한 믿음을 가졌었고 아마 모르긴 해도 이 다음에 자라서는 종교계의 큰 별이 될 것입니다."

"참 이상한 일이군요. 방금 전에 이 병원에서 일하는 젊은 분도 선생님과 똑같은 이야기를 하셨습니다."

나는 그래서 그 병원에서 일한다는 젊은이를 만났다.

그는 이렇다 할 학력도 없으면서 무엇이든지 보면 느껴지는 게 많다고 했다.

나는 그를 앞에 놓고 그의 마음의 파장(波長)과 내 마음의 파장을 일치시키고자 방심(放心)의 상태로 들어 갔다. 그러자 다음과 같은 장면이 떠올랐다.

오랜 옛날 중국의 어느 작은 고을에 비천한 집에 태어난 영특한 소년이 있었다.

그는 어려서부터 너무나 많은 고생을 했다. 그래서 속세를 떠나 선인(仙人) 밑에서 공부를 해서 선인이 되고자 했다.

선인을 찾는 오랜 방랑생활 끝에 소년은 마침내 한 선인을 만났다.

선인은 소년에게 푸른 옷 한 벌을 주고 청의동자라고 불렀다.

선인은 소년에게 고된 일만 시킬뿐 선인이 되는 공부는 좀처럼 시키려고 하지 않았다.

소년이 선인에게 온 지 하루만 더 지나면 만 3년째가 되는 날이었다.

선인은 소년에게 자기 서재에 들어가서는 안된다고 이르고 어디론지 사라졌다. 그리고 저녁때가 되도록 선인은 돌아오지 않았다.

소년은 서재로 몰래 들어가 책상 위에 펼쳐진 책을 읽었다. 8대 신통력(八大神通力)의 하나인〔숙명통(宿命通) : 사람의 전생을 아는 능력〕의 능력을 얻는 방법이 쓰여진 대목을 읽었다.

소년은 기뻤다. 이제는 자기도 신선이 되는 첫 단계에 들어섰거니 했다.

그때 선인이 들어오는 기척이 들렸다.

소년은 황급히 서재에서 나와 뒤뜰로 돌아가 숨었다.

그 순간 하늘에서 날벼락이 떨어져 소년은 선인이 되려는 꿈을 안은 채 세상을 떠나야만 했다.

"그때의 소년이 저였단 말씀이로군요."

"그야 알 수 없죠. 내 마음에 그런 장면이 떠올랐을 뿐 그것이 사실이라는 것을 증명할 길은 없어요. 다만 한 가지 그 때의 소년이 하루만 더 참았던들 그는 당당히 선술(仙術)을 배울 수 있었을 겁니다. 끈기가 모자란 것과 도둑질한 게 잘못이지요."

"참고 기다렸더라면 제가 이 세상에 다시 태어나지는 않았겠군요."

하고 젊은이는 무엇인가 깊이 깨달았다는 표정을 지었다.

자살한 다르마 잉꼬이야기

나는 어려서부터 동식물 기르기를 굉장히 좋아했다.

지금도 내 연구원에는 여러 종류의 열대산 잉꼬들이 있고, 응접실에는 커다란 수조(水槽) 안에 많은 열대어들을 기르고 있다.

가끔가다 이런 질문을 받곤 한다.

"원장님은 어째서 이런 것들을 기르고 계시죠? 손이 굉장히 많이 갈텐데요?"

이런 경우, 나의 대답은 언제나 한결 같다.

"다른 사람들이 너무나도 동식물들을 학대하고 있기 때문에 내가 전 인류를 대표해서 속죄를 하고 있는 것이지요. 그리고 또 하나의 이유는 '옴 진동수'에 관한 동물실험을 하는데 목적이 있지요."

실제로 지난 해 겨울은 굉장히 추웠고, 우리나라에서는 삼한사온이라는 종래의 날씨와는 달리 한달 이상이나 영하 10도 이하의 추운 날이 계속되었다.

별다른 보온 장치도 없이 열대산 잉꼬가 추운 바깥의 새장속에서 무사히 겨울을 보낸 것은 정말 기적이 아닐 수 없었다.

'옴 진동수'를 장기간 복용시킨 덕분에 유전자(遺傳子)에 변화가 생겨서 한대산의 새 종류로 변했기 때문이라고 밖에는 설명되지 않고, 좁은 연못 속에서 한자가 넘는 큰 잉어가 몇 년 씩이나 무사히 월동을 할 수 있었던 것은 신기한 일이 아닐 수 없다.

몇 년 전 일이었다고 기억된다. 나는 단골 새 가게에서 다르마 잉꼬 두 마리를 사왔다.

새집 주인의 말에 의하면, 새의 수명은 100년 가깝다고 했다. 어쩌면 나보다도 더 수명이 길거라는 이야기였다. 그런데 이 다르마 잉꼬는 새집 주인의 말과는 달리 다 숫놈이었고, 서로 사이가 나빴다.

어느 날 마당에 있는 커다란 새장 앞에서 서성거리던 손님이 나에게 물었다.

"안선생님이 쓰신 책을 읽으면 인간의 영혼이 동물의 몸에 실려서 태어나는 일도 있다고 했는데, 이 새에도 과연 전생이 있습니까?"

질문을 받은 순간, 나는 방심상태가 되어서 다르마 잉꼬를 물끄러미 바라다 보았다.

그 순간이었다. 정말 이상한 일이 일어났다.

나의 눈 앞에 열대의 어느 섬 풍경이 선명하게 펼쳐졌다.

두 사람의 원주민이 커다란 나무와 나무 사이에 새그물을 쳐서 다르마 잉꼬를 사로잡고 있는 장면이었다. 그들은 형제였고 형은 바쿤다, 동생의 이름은 요쿤다였다.

그들은 사로잡은 다르마 잉꼬를 죽여서 박제를 만들었고, 섬을 찾는 관광객들에게 토산품으로 팔곤 했다.

그들이 일생동안 사로잡아서 박제로 만든 잉꼬의 수는 줄잡아 3만 마리가 넘었다.

때가 와서 그들 형제도 죽어서 저승으로 가게 되었다. 헛되이 수많은 목숨을 빼앗은 죄 때문에, 그들 형제는 다시 태어나는 과정에서 다르마 잉꼬의 몸 속에 갇히게 되었다.

나는 생각했다. 인간의 영혼이 동물로서 재생하는 것이 아니고, 일종의 빙의되는 형식으로 동물의 몸, 혼과는 별개로 동물 속에 인간이었던 과거세(過去世)의 기억을 간직한 채 갇혀지는게 아닌가 하고.

만일 그렇지 않고, 인간의 영혼이 과거세에 인간이었던 기억을 잃은채 동물의 몸에 깃든다면, 인과응보의 뜻이 전혀 없는 것이 되기 때문이다.

그 바쿤다, 요쿤다 형제가 바로 눈앞에 있는 두 마리의 다르마 잉꼬였던 것이다.

내가 그때 본 환상을 그대로 손님에게 이야기해 주었다.

내가 이야기를 하는 동안, 다르마 잉꼬는 굉장히 원망스러운 표정으로 나를 바라다보는 듯 했다. 그 뿐만이 아니라 몹시 슬퍼하는 듯 했다.

그뒤 몇 번인가 나는 여러 손님들에게 인간이 전생에서 죄를 지은 결과로서 동물의 몸 속에 그 혼이 갇힌 실제의 살아있는 예로서 이 다르마 잉꼬 이야기를 되풀이 해서 들려 주었다.

그런데 그런 일이 있은 며칠 뒤부터 어찌된 영문인지 그렇게도 튼튼했던 다르마 잉꼬 두 마리가 다 기운이 없어졌고, 영 모이를 먹으려 하지 않았다.

어느 날 아침, 한 마리의 다르마 잉꼬가 새장 바닥에 죽어 있었다.

그로부터 며칠이 지나지 않아서 나머지 한 마리도 굶어 죽고 말았다. 그들은 틀림없이 자기네들의 처지를 비관하여 자살해 죽은게 분명했다.

전생에서의 죄를 뉘우친 나머지, 자기네가 죽인 다르마 잉꼬가 되어서 좁은 새장 속에서 살아야만 하는 딱한 신세를 비관한 나머지 자살한 모양이었다.

그들 잉꼬 앞에서 전생 이야기를 한 것을 나는 후회했지만, 때는 이미 늦었던 것이다.

또 하나 잉꼬에 관한 이야기를 적어 볼까 한다.

그 무렵, 나는 한쌍의 세케세이 잉꼬를 기르고 있었는데, 어느날 매우 중증인 환자가 나의 연구원을 찾아 왔다.

어린 여섯명의 자녀를 거느린 부인이었다.

남편하고도 사별한 채, 혼자의 힘으로 자녀들을 키우고 있는 부인이었다. 중증인 신장염으로 온 몸이 누렇게 부어 있었다.

나는 최선의 노력을 다해 보았지만 환자의 용태는 조금도 좋아지는 기색이 보이지 않았다. 난처한 일이 아닐 수 없었다.

늘상 염려를 하고 있었는데 어느날 밤 꿈속에서 작은 잉꼬 부부가 나타나서 이와 같이 말하는 게 아닌가.

"원장 선생님, 저희들은 오랫동안 신세를 졌습니다. 원장 선생님 덕분에 저희들도 이 우주를 지배하는 인과율(因果律)이 어떤 것인지를 잘 알게 되었습니다. 원장 선생님은 중증인 신장염 환자를 어떻게 해서든 완쾌시키려고 애쓰고 계시지만, 이미 그녀를 데리러 저승사자가 와 있는걸 어찌 하겠습니까. 그래서 저희들이 대신 가려고 합니다. 그동안 신세를 진 은혜를 보답하기 위하여 저희들이 대신 죽어서 그분을 살려드리려고 하는 것입니다. 저승사자에게 부탁을 했더니 원장 선생님만 승낙을 하신다면 가능하다는 이야기였습니다. 그럼, 안녕히 계십시오. 저승을 향하여 저희들은 이제부터 떠나렵니다."

　작은 잉꼬새가 이렇게 말한 다음 순간, 그들의 모습은 사라졌고 나는 꿈에서 깨어났다.

　곧 새장 앞으로 달려가 보니 두 마리의 잉꼬는 이미 죽어 있었다.

　그뒤, 나의 연구원에서는 가끔 아무런 이유없이 작은 동물들이 갑자기 죽어 갔다.

　그때마다 번번이 목숨을 살려 주기 위해 대신 죽어 간 작은 동물들이 얼마나 되는지 헤일 수가 없을 정도다.

　나는 생각했다. 아마도 그들은 다음 번 세상에서는 틀림없이 인간으로 태어나는 것이 아닌가 하고 말이다.

성원주(成願呪)의 기적

 이번에는 자기가 먹은 수많은 개와 뱀들의 원한령(怨恨靈)이 빙의되어 간암에 걸린 남자가 제령을 받음으로써 거의 기적적으로 암에서 회복된 이야기를 적어 볼까 한다.
 몇 년 전 일이었다고 기억된다.
 어느 날 저녁, 한 낯선 중년 신사가 한 장의 작은 사진을 갖고 나를 찾아 왔다.
 첫눈에 사진의 주인공 얼굴이 몹시 검게 보였다. 간장에 이상이 있는게 분명하다는 느낌이 들었다.
 "간암을 앓고 있나요?"
 "맞습니다. 역시 소문대로 선생님의 판단력은 대단하시군요!"
 내가 다시 한번 그 사진을 보았을 때였다.
 갑자기 사진의 주인공이 새파트 종류의 개로 변해 보이지 않는가.
 "복수(腹水)가 꽤 많이 차 있는 상태죠?"
 "네, 그렇습니다."

"병원에서는 살아날 수 있는 가능성은 거의 없다고 하지 않던가요?"

"그렇습니다."

"이 환자는 개고기를 많이 먹은 것 같은 데요?"

"그렇습니다. 개고기를 굉장히 좋아해서 지금까지 몇백마리는 먹었을 겁니다."

나는 말없이 사진을 한번 보았다. 그 순간이었다. 이번에는 뱀이 수 없이 많이 꿈틀거리는 느낌이 들었다.

"뱀도 좋아하지 않았던가요?"

"그렇습니다. 제가 알기로는 아마 천마리 가까이 먹은 것으로 압니다."

"이 환자는 개와 뱀의 넋이 빙의되어서 간암이 된게 틀림없는 것 같습니다. 하지만 복수가 이렇게 차 있어서야 '옴 진동수'를 마시게 하는 것도 어려운 일이군요. 현재 다른 환자들과 함께 같은 입원실을 쓰고 있습니까?"

"네. 그렇습니다."

"그렇다면 스피커를 이용한 '옴 진동'치료도 불가능한 셈이군요. 달리 방법이 없는데요."

"어떻게든 살려 주십시오. 큰 아들도 대학생입니다. 2년만 목숨이 연장되어도 아들이 학교를 졸업하고 취직이 가능합니다. 지금 이 사람이 죽으면 떼거지가 될 판국입니다."

중년 신사는 함께 온 환자의 아들을 가리키며 애원을 했다.

그때였다. 나의 머리에 번개같이 떠오른 생각이 있었다. 그것은 내가 생각해 낸 성원주(成願呪)를 주어야겠다는 생각이었다. 아직 그때까지 실제로 한 번도 써본 일이 없는 주문이었지만, 분명히 효과가 있을 것 같았다.

敬天 修德 廣濟
훔치 훔치 사바하

'하늘을 공경하고 덕을 쌓아서 많은 사람들을 도울 수 있는 훌륭한 사람이 되게 하여 주소서'하는 뜻이 담긴 기도문이다.
이런 간절한 환자를 대신하여 내가 만든 주문이었다.
"이것을 환자의 베개 속에 넣어주세요. 지금부터 3일 안에 복수가 빠져서 소변이 많이 나오면 희망을 가져도 좋을 겁니다. 제령이 된 증거죠. 만일 사흘 안에 복수가 빠지거든 다시 나를 찾아와서 정식으로 회원이 되도록 하십시오."
그로부터 사흘이 지난 뒤였다.
환자의 복수가 기적적으로 빠졌다는 소식이 왔다. 그는 연구원의 회원이 되었고, 그로부터 두 달 뒤에는 완전히 건강을 되찾아서 부인과 함께 인사를 오기까지 했다.
이런 경우는 성원주가 부른 강력한 보호령의 힘에 의하여 동물령들이 효과적으로 제령된 결과라고 생각된다.
그런데 이 이야기에는 후일담들이 있다.
그 간암 환자는 완전히 회복이 되어 그뒤 2년 동안 건강하게 사회 활동을 했는데, 어느덧 진동수를 안마시게 되었고, 진동수를 안마시게 된지 6개월 뒤에 다시 간암이 재발되었다고 했다.
그때는 큰 아들도 이미 대학을 졸업하고, 국내 일류 기업체에 취직했다.

  아들이 한번 다녀갔지만, 그뒤 소식이 없는 것을 보니, 그는 불귀의 객이 된게 분명하다.

  여기서 내가 충고하고 싶은 것은 한번 암에 걸렸던 사람은 죽을 때까지 옴 진동수를 마시도록 노력해야 한다는 것이다. 허기야 사람은 누구나 언젠가는 한번은 죽어야 하는 것이지만, 그래도 천명을 다할 필요가 있기 때문이다.

강증산(姜甑山) 이야기

우리나라 신흥종교의 대종(大宗)을 이루고 있는 증산교(甑山敎)의 교조 강증산(姜甑山)은 1871년 고종 8년 신미년(辛未) 9월 19일(음력)에 태어났다.

그는 태어날 때부터 이상한 태몽을 앞장 세웠는데, 어머니가 친정에 가 있는 어느 날, 하늘이 남북으로 갈라지면서 큰 불덩어리가 내려 와서 몸을 덮으며 천하가 밝아지는 꿈을 꾸고 잉태하여 13개월만에 태어났다는 것이다.

또한 태어날 무렵에는 아버지가 비몽사몽간에 두 선녀가 하늘에서부터 내려 와서 산모를 간호하는 것을 보았는데 이로부터 이상한 향기가 온 집안에 가득해졌고 밝은 기운이 집을 두르고 하늘로 뻗어 7일 동안 계속되었다고 한다.

강증산의 행적을 기록한 《대순전경(大巡典經)》에서 몇가지 대목을 발췌 소개해 보면 다음과 같다.

그의 육체적인 특징으로는 양미간에 불표(佛表)가 있었다고 하며, 왼손 바닥에는 북방 임(壬)자 무늬와 오른손 바닥에는 별무(戊)자 무늬가 있었고, 등에는 붉은 점이 북두칠성을 새겨 놓은 듯 뚜렷하였고, 아랫입술 안에는 붉은 점이 있었다고 한다. 또한 원만한 모습은 금산사의 미륵불을 많이 닮았다고 했다.

어려서부터 호생(好生)의 덕이 많으시어 나무심기를 즐기시고 자라나는 초목을 꺾지 아니하시고 미세한 곤충이라도 해하지 아니하시며, 혹 위기에 빠진 생물을 보시면 힘써 구하시니라
〈대순전경, 1~5〉

이 해에 어려운 살림이지만 아드님이 출중하심을 보시고 훈장을 데려다가 천자문(千字文)을 가르쳤는데 하늘 천(天)자와 따지(地)는 따라 읽으시나 그 다음은 읽지 아니하시므로 아무리 타일러도 막무가내라, 할 수 없이 부친이 안방으로 불러다가 그 까닭을 물었더니, 하늘 천자에 하늘 이치를 깨닫고 따지자에 땅 이치를 깨달았으니 더 배울 것이 있겠습니까. 남의 사정도 모르는 훈장이 책임을 다하지 못한 것이므로 돌려 보내십시오 하는 것이었으므로 할 수 없이 훈장을 돌려 보냈다.
〈대순전경, 7〉

여기 내가 소개한《대순전경(大巡典經)》이란 증산의 종도(從徒)였던 이정립(李正立)씨가 후에 저술한 책이다.

이〈전경〉에 쓰인 것이 사실이라면 강증산은 아주 어린 나이에 '내 속에 하느님이 계시고 하느님 안에 내가 있다'라는 우주의식과 동조함으로써 우주의 모든 진리를 깨달았다는 이야기로 해석된다.

나의 지난 6년 동안 경험으로 미루어 보아, 누구에게 배우지 아니하고 인간의 본질이 무엇인가 깨닫게 되면서 체질개선의 원리를 발견하여 모든 종교와 의학의 지식에 통달한 것으로 미루어 볼 때 이것은 충분히 가능한 일이라고 생각된다.

증산교나 대순진리회, 증산진법회에서는 증산을 하느님이 직접 사람이 되어 오신 것으로 보고 있지만 나는 결코 증산교의 신자가 아니므로 어디까지나 객관적인 입장에서 그를 소개하고저 한다.

그가 성도(成道)한 것은 1901년 신축년(辛丑年) 12월 26일이었다고 한다.

서른 한살 되던 해의 일이다. 이것은 증산이 많은 노력 끝에 영각자(靈覺者)의 경지에 이르렀다는 것으로 해석된다.

천지공사(天地公事)란 무엇인가?

천지공사(天地公事)란 일찍이 어떤 종교의 교조도 행한 일이 없는 특이한 일이었다.

증산은 당신을 스스로 3계(三界)의 대권을 쥐었다고 자처하고 다음과 같은 일을 행하였으니 《대순전경》에서 그 내용을 살펴보면 아래와 같다.

임인년(壬寅年) 4월에 증산께서는 종도의 한 사람인 김형렬의 집에 머무르시어 행령에게 말씀하시기를 시속(時俗)에 어린 아이에게 개벽장이라고 희롱하나니 이는 개벽장(開闢長)이

날 것을 이름이라, 내가 삼계대권(三界大權)을 주재하여 천지를 개벽하여 무궁한 선경(仙境)의 운수를 정하고 조화정부(造化政府)를 열어 재겁(災劫)에 쌓인 신명(神明)과 민중을 건지려 하나니 너는 마음을 순결히 공정(公庭)에 수종하라 하시고 날마다 명부공사(冥府公事) 행하시며 말씀하시기를 명부공사의 심리(審理)를 따라서 세상의 모든 일들이 결정되니 명부의 혼란으로 세계도 또한 혼란하게 되나니라 하시고 전명숙(全明淑)을 조선명부 김일부(金一夫)로 청국명부(淸國冥府) 최수운(崔水雲)으로 일본 명부를 주장케 한다고 하시며 날마다 글을 써서 불살으시니라.

〈대순전경〉

이밖에 증산은 선천세계(先天世界)가 끝나고 앞으로 다가오는 후천세계(後天世界)를 위하여 ① 천지도수(天地度數)를 정리 조정하시고 ② 신명(神明)을 조화(造化)하여 ③ 원한을 풀어주어서 ① 상생(相生)의 길을 트고 ② 액겁(厄劫)과 병겁(病劫)을 없애는 공사도 보셨고 또한 최수운(崔水雲)으로 하여금 선도(仙道)의 종장(宗長), 진묵대사로 하여금 불교의 종장, 주자(朱子)로 하여금 유교(儒敎)의 종장, 이마두로 하여금 서도(西道)의 종장으로 세우는 공사(公事)도 보셨던 것이었다.

증산이 행한 수많은 천지공사(天地公事) 가운데 잊을 수 없는 것은 그 당시 나라의 운수(運數)를 보고 아무래도 독립을 유지하기 어려울 것을 깨닫고 행한 공사(公事)가 있다.

천사(天師) 임경위를 향하여 두어 마디로 알아듣지 못하게 수작하신 뒤에 말씀하시기를, 조선을 서양(西洋)으로 넘기면 인종(人種)이 다르므로 차별과 학대가 심하여 살아나갈 수 없을 것이오, 청국(淸國)으로 넘기면 그 민중이 우둔하여 뒷감당을 못할 것이요, 일본은 임진난(壬辰亂) 이후로 도술신명(道術神明)들 사이에 척이 막혀 있으니 그들에게 넘겨주어야 척이 풀릴지라, 그러므로 그들에게 한때 천하 통일지기(天下統一之氣)와 일월대명지기(日月大命之氣)를 붙여 주어 역사(役事)를 시키려니와 한가지 못줄 것이 있으니 곧 어질 인(仁)자라 만일 어질 인자까지 붙여 주면 천하(天下)는 모두 저희들 것이 되지 않겠느냐. 그러므로 어질 인자(字)는 너희들에게 주리니 오직 어질 인자를 잘 지키라. 너희들은 편한 사람이오, 저희들은 곧 너희들의 일꾼이니 모든 일을 분명하게 잘 하여 주고 갈 때에는 품삯도 못받고 빈 손으로 돌아가리니 말대접이나 후하게 하라.
〈대순전경, 28절〉

그뒤에 일어난 일한합방(日韓合邦)도 알고 보면 증산께서 꾸민 일이고 합방 뒤 일본이 한국에서 물러갈 때 상황까지도 미리 짜놓은 것임을 알 수가 있다.

이밖에 안중근(安重根)이 이등박문(伊藤博文)을 쏘아 죽인 것도 증산이 미리 공사를 본 것으로 되어 있고, 만주족이 지배하던 청(淸)나라를 다시 중국인에게 돌려주는 공사도 보셨다고 한다.

장차 일청전쟁(日淸戰爭)이 두 번 나리니 첫 번에는 청국(淸國)이 패(敗)하고 말 것이오, 두 번째 일어나는 싸움은 10년을 가리니 그 끝에 일본은 쫓겨 들어가고 호병(胡兵)이 들어오리라. 그러나 한강 이남은 범(犯)치 못하리니 그때에 질병이 맹습하는 까닭이오, 미국은 한 손가락을 퉁기지 아니하여도 쉬이 들어가리라. 이 말씀을 마치신 뒤에 〈동래 울산이 흐느적 흐느적 사국강산(四國江山)이 콩 뛰듯 한다〉라고 노래 부르시니라.
〈대순전경, 제5장 개벽과 선경〉

동양(東洋)은 불로 치고 서양(西洋)은 물로 치리라. 세상을 불로 칠 때에는 산도 붉어지고 들도 붉어져서 자식이 지중(至重)하지만 손목 잡아 끌어낼 겨를이 없으리라.
김병선(金炳善)에게 글 한 장을 써주시니 이러하니라.

　　　　日入酉 亥子 難分
　　　　日出 寅卯辰 事不知

　　　　日正己午未 開明
　　　　日中己爲市交易退 帝出震

이 글을 나는 이렇게 해석한다.

을유년(乙酉年)이면 일본은 들어가련만
어리석은 인간이 이를 알지 못하는구나.

인묘진(寅卯辰) 사이에 새로운 해는 떠오르지만
일이 벌어진 것을 아는 이가 없구나.

77년 78년 79년 3년 사이에
밝히 알려지게 되리니
한낮이 되어 사람들이 부지런히
왕래하다 보면 새로운 운수로서 교체가 되리라.

　동서양(東西洋) 싸움을 붙여서 기울은 판을 잡으려고 하나 워낙 짝이 틀려서 겨루기 어려우므로 병(病)으로써 판을 고르게 되느니라.
　바둑도 한수만 높으면 이기나니 남모르는 공부를 하여 두라. 이제 비록 장량 제갈(張良諸葛)이 두름으로 날지라도 어느 틈에 끼인지 모르리라. 선천(先天) 개벽 이후로 수한도병(水旱刀兵)의 겁재(劫災)가 서로 번갈아서 그칠새 없이 세상을 진탕하였으나 아직 병겁(病劫)은 크게 없었고 이 뒤에는 병겁이 온 세상을 엄습하여 인류를 전멸케 하되 살아날 방법을 얻지 못하리니 모든 기사묘법(奇事妙法)을 다 버리고 의통(醫統)을 알아 두라. 내가 천지공사(天地公事)를 맡아봄으로부터 이 땅에서 모든 겁재(劫災)를 물리쳤으나 오직 병겁(病劫)은 그대로 두고 너희들에게 의통을 전하여 주리니 멀리 있는 진귀한 약품을 중히 여기지 말고 순진한 마음으로 의통을 알아두라. 몸 돌이킬 겨를도 없이 홍수 밀리듯 하리라.

〈개벽과 선경, (30~33절)〉

대저 사람이 아무것도 모르는 것이 편할지라. 오는 일을 아는 자는 창생(蒼生)의 일을 생각할 때에 비통을 이기지 못하리로다. 이제 천하 창생이 진멸지경(殄滅之境)에 박도하였는데 조금도 깨닫지 못하고 이(利) 곳에만 몰두하니 어찌 애석치 아니하리오.

하루는 벽을 향해 돌아 누우셨더니 문득 크게 슬퍼하사 이르시기를 전 인류가 진멸지경에 이르렀는데 아무리 하여도 전부 다 건져 살리기는 어려우니 어찌 원통하지 아니하오리오 하시고 흐느껴 울으시니라.

〈대순전경, 제5장 개벽과 선경〉

이어서 증산이 남긴 법언(法言) 가운데 오늘날 우리가 깊이 명심할만 하다고 생각되는 것들을 간추려 소개해 볼까 한다.

이때는 해원시대(解寃時代)라 사람도 이름없는 사람이 기세를 얻고 땅도 이름없는 길운(吉運)이 돌아오느니라.

선천(先天)에는 돈에 눈이 어두워서 불의(不義)한 사람을 따랐거니와 이 뒤로는 그 눈을 틔워서 선(善)한 사람을 따르게 하리라.

선천(先天)에서는 모사(謀事)는 재인(在人)하고 성사(成事)는 재천(在天)이라 하였으나 이제는 모사(謀事)는 재천(在天)하고 성사(成事)는 재인(在人)이니라.

천존(天尊)과 지존(至尊)보다 인존(人尊)이 크니 이제는 인존시대(人尊時代)이니라.

이제 서양 사람들에게 재주를 배워서 그들을 대항하는 것은 배은망덕(背恩忘德) 줄에 걸리므로 판 밖에서 남에게 의뢰함이 없이 남모르는 법으로 일을 꾸미노라.
 일본 사람이 미국과 싸우는 것은 배사율(背師律)을 범(犯)하므로 참혹히 망하리라.

우리 일은 용두사미가 아니라 사두용미(蛇頭龍尾)이니라.

종도들에게 일러 말씀하시기를 내가 이제 몸을 피하려 하노니 너희들이 능히 찾겠느냐. 모두 대답하여 이르기를 찾겠나이다. 이르시기를 너희들은 나를 찾지 못할 것이오. 내가 너희들을 찾아야 만나 보게 되리라.
 상말에 이제보니 수원 나그네 낯이 익다는 말이 있으니 내 얼굴을 잘 익혀두라. 또 이르시기를 내가 장차 열석자로 오리라.
〈대순전경, 제9장 화천(化天)〉

앞서 나는 분명히 밝힌바 있다. 영능력자와 초능력자가 수양을 해서 더 높은 경지에 이른 사람이 영각자(靈覺者)라고. 그리고 영각자는 끝없는 사랑과 지혜와 힘을 아울러 지니고 있어서 항상 우주의식과 하나가 되어 있으므로서 상념(想念)의 힘으로 모든 것을 창조할 수 있는 우리 인간이 모두 바랄 수 있는 최고의 경지에 이른 인간이라고 하였다.

우리 인류 역사상에 나타난 참다운 영각자는 불과 몇사람이 되지 않는다고 보는데 강증산이야말로 그런 영각자(靈覺者)였던게 분명하다고 생각한다.

일본에게 합병이 되기 전에 이미 그는 앞날을〔그것도 일본이 패망하는 것까지〕내다보았고, 일본이 미국과 싸우게 될 것과 그 결과가 어떠하리라는 것, 또한 공해(公害)가 전혀 없던 시대에 인류가 공해로 말미암아 병겁(炳劫)으로 멸망지경에 이르게 된다는 것을 알고 그 예방책을 세워 놓았으니 실로 놀라운 일이 아닐 수 없다고 생각한다.

더욱 놀라운 것은 당신이 장차 다시 올 것을 분명히 밝혀 놓은 점은 고금(古今)에 그 예가 없는 일이 아닌가 한다.

그럼 여기에 나와 증산의 공통점을 지적해 볼까 한다.
① 증산은 신미년(辛未年) 9월 19일(음)에 태어나셨는데 나의 생일은 역시 신미년(辛未年) 9월 19일(양)이다.
② 열석자로 오신다고 했는데 나의 이름인 동민(東民)은 그 획이 열석자이며 빙의령을 해원(解怨)시켜서 천도시킬 때 쓰는 진언(眞言)도 6字 大明王 眞言·옴·마니·반메·훔 역시 열석자이다.
③ 내가 만든 소원 성취하는 주문 역시〈敬天修德 廣濟 훔치 훔치 사바하〉열석자이다.
④ 서울에서 태어난다고 했는데 나는 서울 태생이다.
⑤ 판 밖에서 남모르는 이치로 일을 꾸민다고 했는데 나는

어느 종교단체에도 속해 있지 않으며〔따라서 종교 판 밖에 있는 셈이다〕 카세트 녹음 테이프에 '옴 진동'을 녹음해서 모든 질병을 체질개선을 통해 쾌유시키고, 완전 영인체(完全靈人體)를 이룩하게 함으로써 인격(人格)을 완성시키고 사람을 젊게 변화시키는 법은 인류 역사상 일찍이 그 누구도 생각해 본 일조차 없는 새로운 것임을 자부한다.

⑥ 지금은 인존시대(人尊時代)이고 여권(女權)이 신장되는 시대인데 증산의 성(性)인 강씨(姜氏)도 또 나의 성인 안씨(安氏)도 모두 여인이 갓을 쓴 성(性)이다. 후천시대를 상징하는 점에서 같다고 본다.

⑦ 증산은 서른 아홉 살에 화천(化天)하셨는데 나도 서른 아홉에 유체이탈로 가사상태(假死狀態)를 경험한 뒤에 새사람이 되었다.

⑧ 정월 2일에 진묵대사로 하여금 도통시킨다고 했는데 마흔살 되던 정월 2일, 나는 꿈 속에서 인도의 성자인 '파파시'에 의하여 자신의 전생이 누구임을 깨우쳐 받게 되었고, 그때부터 '봉사자'가 되어야겠다는 결심을 갖게 되었다.

⑨ 지금은 여러 가지 사정 때문에 그 전모를 밝힐 수는 없으나 증산을 모르던 때, 나는 나름대로 천지공사(天地公事)에 해당되는 일을 많이 행하였다.

⑩ 1973년 8월 3일부터 시작해서 74년, 75년, 76년 계속해서 체질개선을 해 왔지만 널리 알려지지 않았고, 77년 들

어서 〈심령진단〉을 저술함으로써 증산과 깊은 관련이 있음을 스스로 밝혔다〔너희는 나를 찾지 못하리라. 내가 찾아야 비로소 알게 되리라고 한 증산의 말씀을 참조해 주기 바란다〕.
⑪ 증산이 하루는 종도들로 하여금 밤새껏 '병자 정축 병자 정축' 외치며 북을 치게 했으며, 이 진동소리가 장차 동서양(東西洋)을 울리리라고 했는데 내가 태어난 날이 바로 정축일이며, 진동소리란 '옴 진동'을 뜻하는게 아닌가 한다.
⑫ 증산은 천지(天地)를 개조했다고 하는데 나는 인체(人體)를 개선시키는 색다른 방법을 알아냈다.
⑬ 나는 증산과 그 얼굴 모습이 많이 닮았다고 한다.
⑭ 77년에 〈심령진단〉을 발표한 뒤에 그전에 없던 북두칠성(北斗七星) 모양의 점이 양쪽 어깨에 생겼다〔증산도 그런 점을 갖고 있었다고 한다〕.
⑮ 증산은 병겁(炳劫)으로 인류가 멸망 지경에 이른다고 했는데 나는 공해(公害)로 말미암아 발생하는 각종 난치병과 불치병으로 인류는 위험한 경지에 놓인다는 견해를 갖고 있다.

증산은 자기는 15진주라고 했는데 나와 그의 공통점이 이상과 같이 열 다섯가지나 된다는 것은 결코 우연은 아니라고 생각된다.
또한 나는 증산이 명부공사(冥府公事)에서 지명한 최수운, 김일부(金一夫), 전봉준, 이마두, 진묵대사, 주자(朱子) 등 여러분이 다시 태어난 분을 한분도 빠짐없이 찾아냈고, 또 그분들도 스스로 자각을 해서 인류 봉사를 위해서 오늘도 끊임없이 노력하고 있다는 사실을 밝혀 둔다.

허나 나의 영체를 구성하는 것은 강증산 한분만은 아니라고 생각한다.

그밖에도 라히리·마하사야, 왕인(王仁), 풍신수길(豊臣秀吉), 순(舜) 등 일곱분이 나의 탄생 전에 합체(合體)하여 복합령으로서 태어나지 않았나 생각되며, 그 중에서 안동민(安東民)은 단지 이승의 육체 표면상 주인공에 지나지 않는다고 본다.

모든 것은 유유상종(類類相從)인 법, 같은 뜻을 가졌고 같은 파장(波長)을 가진 영체인(靈體人)들이 영계에서 미리 합체(合體)해서 하나의 육체를 택하여 태어난다는 것은 내가 처음으로 주장한 이론이지만 이것이 사실인지 아닌지는 앞으로의 세월이 증명할 것이다.

한마디로 말해서 나는 서른 아홉 살까지는 하나의 평범한 작가로서, 다시 말하면 그때까지 세상에 알려진 소설가 안동민(安東民)으로서만 존재했었고, 그 뒤 심령과학을 연구하게 될 무렵에는 나의 재생이〔라히리·마하사야〕라고만 생각해 왔었다.

왜냐하면 우리나라에서 아직 아무도 요가에 대하여 몰랐을 때 나는 혼자의 힘으로 요가를 수련했고, 한국일보의 조경희(趙敬姬)여사에게 '요가도장'을 만들 것을 권한 것도 나였기 때문이었다.

그뒤 '체질개선'을 보급하는 과정에서 나는 강증산(姜甑山)과 관련이 있음을 발견하고 몹시 당황했었다.

왜냐하면 강증산과 라히리·마하사야는 같은 시대에 속한 분인데 이 두분이 다같이 나의 전생이라는 것은 있을 수 없는 일이라고 생각했기 때문이다.

그러나 사람이 태어나기 전에 영계에서 영혼들이 미리 합체(合體)해서 태어남이 사실이라면 이 모순은 저절로 풀리게 된다.

현재 나는 안믿는 이들에게 굳이 자기 자신의 전생이 누구였다고 주장하고 강요할 생각은 조금도 없다.

내가 보기에 이대로 손을 쓰지 않으면 인류는 틀림없이 공해로 말미암아 멸망하게 된다고 볼 때 체질개선을 시키는 '옴 진동수'를 세계적으로 보급시키는데 남은 여생을 바칠 생각이다.

그 일이 강증산이나 라히리·마하사야가 원하던 일이라면 설사 나의 전생이 그 분들과는 아무 관계가 없다고 해도 그분들은 보호령이 되어서 내가 하는 일을 도와 줄 것이다. 그러면 충분하다고 생각한다.

앞으로 남은 일생을 인류 봉사를 위해서 어떻게 사느냐, 그것만이 나에게 문제가 되기 때문이다.

나에게는 나의 전생이 누구라는 것이 중요한 것이 아니며 앞으로 어떻게 살아야 하며, 또 살 수 있느냐 하는 것만이 중요할 따름이다.

인도네시아의 별

다음은 인도네시아의 유명한 영능력자인 파리다 여사를 만나서 주고 받은 이야기이다.

장소는 뉴코리아나 호텔 커피 숍이었고, 동석한 사람들은 강선행(康善行), 김학(金鶴), 손도성(孫道成)씨 등이었다.

"나는 한국에 고비 사막의 몽고인 후예를 만나러 왔습니다. 오랜 옛날에 우주에서 이민해 온 사람이 재생된 분입니다."

나는 파리다 여사의 손을 잡고 안경을 벗으면서 말했다.

"내가 누군지, 나의 전생이 누군지 한 번 보세요. 마음을 텅 비게 하여 거울이 되어 주십시오. 그러면 그 거울에 내 모습이 비칠 것입니다."

잠시 긴장된 시간이 흘렀다.

이윽고 파리다 여사는 한숨 쉬듯이 나지막한 목소리로 말했다.

"그렇군요. 당신은 그 옛날 고비 사막에 내린 우주인이었군요."

"알아보시니 고맙습니다. 그럼 저도 한 마디 하죠. 파리다 여사는 지금으로부터 1만 5천년 전에 외계에서 7백명의 죄수를 싣고 비행접시를 타고 지구로 온 분입니다. 이 죄수들은 지구

위에서 몇 번이고 되풀이 하면서 살아야 했군요."
"그럼 내가 죄수였단 말입니까?"
"아닙니다. 죄수들을 착하게 교도해야 할 임무를 갖고 자진해서 지구에 온 것이었죠. 그뒤 레무리아 대륙이 바다에 가라앉을 때에는 이집트로 피난을 가서 파라오의 무덤을 지키는 높은 제사장 자리에 있었군요."

나의 말을 받아 파리다 여사도 한마디 했다.
"델피의 신전에서 일한 적도 있었습니다. 저는 외계에서 온 것은 확실해요. 오는 8월에 일본 북해도에 가서 비행접시를 탈거예요."

파리다 여사의 비행접시에 대한 열의는 대단했다.

동석한 사람들은 필시 마음속으로 내가 머리가 조금 돈 사람이 아닌가 생각했을지도 모른다.

다음 날 아침, 나는 뉴코리아나 호텔로 파리다 여사를 찾아서 체질개선시키는 법을 시술해 주었다. 그러자 나의 손에서 자기파(磁氣波)와 전기적인 쇼크가 자기 몸으로 흘러 들어옴을 느끼겠노라고 했다.

시술을 시작한 지 10분도 채 되기 전에 손님들이 밀어닥쳐서, 나는 아쉬운 대로 중단을 해야만 했다.

이날 파리다 여사는 내가 굉장한 영능력을 가지고 있으나 아직 완전히 개발된 상태는 아니라고 했다. 그리고 덧붙여서 사람들의 불치병을 고치는 일에 너무 낭비하지 말라는 충고를 하기도 했다.

그런 일이 있은지 며칠 뒤 파리다 여사는 한국을 떠났다. 떠날 때는 다른 일이 바빠서 전송도 못했지만 파리다 여사가 그 방면에서 세계적인 인물이라면 우리나라에서도 그만한 정도의 세계적인 영능력자는 얼마든지 있다는 것이 나의 솔직한 심정이다.

우리 모두가 하느님의 자녀라는 생각에 철저하다 보면 우리는 언제나 쉽게 국경도 초월할 수가 있다. 그러나 우리나라의 대중들이 아깝게도 심령현상에 대해서 너무도 아는게 적다는 것은 참으로 애석한 일이 아닐 수 없다.

그런 점에서 보면 인도네시아의 파리다 여사는 자기 소신대로 살고 있는 매우 행복한 여자라고 할 수 있으리라.

연산군의 재생(再生)

나는 심령능력자로 변신을 한 뒤 수많은 사람들을 만났고, 여러 가지 이상스러운 체험을 수없이 겪었다.

그 중에는 첫눈에 영사(靈査)가 불가능한 경우도 있었고, 또 상대방에게 빙의되어 있는 악령의 대군(大群)에게 뜻밖의 기습공격을 당하여 하마터면 목숨을 잃을 뻔한 일도 있었다.

직업 쳐놓고는 위험하기 짝이 없는 직업이요, 내 능력이 커지면 커질수록 찾아오는 이들도 그에 못지않게 어려운 문제를 안고 오게 마련이어서 어느 경우에는 과거 십여년의 그 많은 경험이 아무런 소용이 없게 느껴지는 일도 많았다.

내가 정말 초능력자인가, 진정 이 사람이 안고 있는 문제를 해결할 수 있겠는가, 자신을 잃은 순간처럼 무서운 것은 없다.

그러한 체험담을 하나 소개해 볼까 한다.

나도 결코 만능인간(萬能人間)이 아니라는 것, 신적인 존재가 되려면 아직도 까마득한 가시밭길을 끝없이 걸어야 한다는 좋은 본보기가 아닌가 한다.

꽤 오래 전 일이다.

어느 날, 잘 생긴 젊은이가 나를 찾아왔다.
귀가 전혀 들리지 않아서 말을 하지 못하는 젊은이였다.
다행히 열 살까지는 정상이었기 때문에 알아들을 수는 없었지만 어느 정도 말은 할 수 있었고, 상대방의 이야기를 전혀 들을 수가 없기 때문에 벙어리나 다름없는 젊은이였다.
자연히 그와는 필담을 통해 서로 의사소통을 하였는데, 그에 대한 영사 결과가 놀라웠다.
고대 로마제국의 폭군으로 이름 높은 네로 황제와 항우(項羽), 연산군의 복합령임이 밝혀졌기 때문이다.
네로는 로마시를 불태운 사람이요, 항우는 항복한 적병을 30만명이나 생매장시킨 장본인이다.
연산군은 이들에 비하면, 또 악인의 크라스가 훨씬 아래인 셈이다.
100일 동안, 우선 '옴 진동수'를 마시게 한뒤, 제령을 했더니 그 순간부터 말하는게 훨씬 좋아졌다.
전에는 말은 해도 너무 빠르고 발음이 정확하지 못해서 전혀 알아들을 수가 없었는데 이제는 자세히 귀를 기울이면 어느 정도 알아들을 수가 있게 되었다.
그러나 귀는 조금도 좋아지지 않았다.
"자네는 전생에서 많은 충신들의 간언을 듣지 않고, 포악한 짓만 골라가면서 하였기 때문에 귀가 안들리게 된 것이야. 알겠나!"
하고 말해 주었지만, 섣불리 말문이 열렸기에 그는 단념을 하지 않고, 끈질기게 나를 찾아오곤 했었다.

그러나 나의 능력에도 한계가 있는 법, 아무리 최선을 다해도 어느 정도 이상은 불가능한 것을 어찌하랴.

"세상에서 말할 때, 입술 움직이는 것을 보고 상대방이 무슨 말을 하는지 이해할 수 있는 그런 기술을 가르쳐 주는 곳이 있다는 이야기를 들었네. 그곳을 찾아가 배우도록 하게. 자네의 전생에서 지은 죄가 너무나 커서 이 이상은 나로서도 어쩔 수 없네."

하고 나는 타일러서 돌려보냈지만 마음은 괴로웠다.

"자네 장님이 아닌 것, 사지가 멀쩡한 것, 머리가 좋은 것, 집안이 유복한 것만도 감사해야 하네!"

하고 타일렀지만 그가 과연 어느 정도 나의 말을 알아들었는지는 의문이라고 생각한다.

왕자호동(王子好童) 이야기

왕자호동과 낙랑공주의 로맨스는 너무나도 유명한 이야기이다.

일찍이 월북작가인 이태준(李泰俊)에 의하여 《왕자호동》은 장편소설로 발표된 일이 있다.

분명히 일제시대 말기였다고 기억한다.

그 당시 국민학교 학생이었던 나는 매일신보(每日申報)에 연재되던 《왕자호동》의 열렬한 독자였다.

그 뒤 남창서관(南昌書館)에서 해방 후 단행본으로 발간되었는데, 나는 이 책을 지금도 간직하고 있다. 호동왕자는 고구려 3대 왕이었던 대무신왕(大武神王)의 후궁의 몸에서 태어났다.

그는 장성한 젊은이가 되었을 때, 문무(文武)를 겸한 늠름한 왕자였고, 몇 명의 부하들을 거느리고 평양성에 갔을 때 최리(崔理)의 딸인 낙랑공주와 알게 되어 두 사람은 열렬하게 사랑하게 되었다.

낙랑왕이었던 최리는 자기 나라를 보전하기 위하여 고구려 왕자인 호동을 사위로 삼을 것을 기꺼이 승낙했다. 그러나 호동왕자의 아버지인 대무신왕의 생각은 달랐다.

고구려의 장래를 위해서는 한나라의 식민지인 낙랑을 무력으로 합병해야겠다는 결심을 흔들리게 할 수는 없는 일이었다.

그런데 낙랑에는 자명고(自鳴鼓)라는 신기한 북이 있어서 적군이 가까이 오면 스스로 북소리를 낸다는 전설이 있었다.

이 북을 미리 없애지 않고서는 효과적으로 낙랑을 칠 수는 없다고 판단을 내린 대무신왕은 아들인 호동왕자에게 명령을 내려서 이 자명고를 파괴시키라고 했다.

마음은 내키지 않았지만 나라를 위해서는 어쩔 수 없는 일이었다.

호동왕자의 밀명을 받고 낙랑공주는 여러 날 고민한 끝에 결국 자명고를 찢고 만다.

이 때문에 고구려군에게 기습을 당할 때까지 낙랑군은 전혀 방비를 할 수가 없었다.

성(城)이 함락되기 직전, 이 사실을 알게 된 최리는 낙랑공주의 목을 쳤다. 결국 싸움에는 이겼으나 왕자호동은 인간으로서는 패전한 셈이 되었다.

소설에 의하면 그는 결국 공주의 무덤 앞에서 자결했다고 한다.

이 왕자호동이 재생해서 내 앞에 나타난 것이었다. 그것도 한 명이 아니고, 두 사람으로 나뉘어져서 내 앞에 나타난 것이다.

이번에는 그 이야기를 해볼까 한다.

1) 첫 번째 이야기

H그룹이라면, 대한민국의 삼척동자도 모르는 이가 없는 유

명한 재벌그룹이다.

지금은 대가 바뀌어 창업주의 큰 아들이 회장이 되었지만 10년 전 창업주가 아직 살아 있었을 때의 일이다.

회장님의 부인께서 나를 찾은 일이 있었다. 누군가 친지의 권유가 있어서 내가 쓴 심령과학 관계 서적들을 몇권 탐독하신 뒤, 나의 신자가 되었노라고 하셨다.

미국 유학까지 갖다 온 큰 아들이 서른이 넘도록 결혼을 할 생각을 하지 않으니 그 이유가 무엇인지 알고 싶다는 이야기였다.

맨손으로 일어나서 당대에 우리나라에서 손꼽히 재벌이 되어서 10개의 계열회사를 거느리게 된 것은 여한이 없으나 큰 아들을 장가 보내지 못하고 있어서 회장의 고민이 이만 저만이 아니라는 이야기였다.

이 나라에는 적어도 4000만명이 사는데 당신의 아들 눈에 차는 신부감이 하나도 없다니 이게 말이 되느냐고 입버릇처럼 되뇌인다는 이야기였다.

아들은 효자여서 어머니의 말이라면 무엇이나 듣는다기에 넌지시 아들을 한번 데리고 오라고 일렀다.

알고 보니 아들은 나의 고등학교 후배이기도 했다.

며칠 뒤, 아들을 만났다.

만난 순간, 나는 놀라지 않을 수 없었다. 그가 바로 전설에 나오는 고구려 3대 왕이었던 대무신왕(大武神王)의 아들이었던 호동왕자의 후신이었기 때문이다.

어머니를 영사해 보니 후궁의 아들인 왕자호동을 그다지도 미워했던 왕비의 후신이었다.

나는 이런 이야기를 그들에게 들려주었지만 그들은 믿으려고 하지 않았다.

"왕자호동은 아버지의 야망 때문에 사랑하던 낙랑공주를 죽게 만들었고 끝내는 자기 자신도 공주의 무덤 앞에서 자결을 했다고 합니다. 아버지에 대한 원한이 구천(九天)에 사무쳤는데 어찌 장가를 가서 아버지 생전에 기쁘게 해드릴 수 있겠습니까? 호동왕자가 재생한 것을 보니 이미 어딘가에 낙랑공주도 다시 태어났을 겁니다. 아버지가 돌아가신 뒤에 그녀를 만나게 될 것이고, 벼락결혼을 하게 될 가능성이 많습니다."
하고 이야기해 주었다.

머지 않아서 회장은 돌아가셨고 그 뒤 얼마 지나지 않아서 큰 아들은 결혼을 했다. 색시감을 고르는데 그렇게도 까다롭던 사람이 뜻밖에도 간단히 결혼을 한 것이었다.

나중에 알고 보니 고등학교 시절에 사랑하던 애인이 있었으나 아직 결혼할 시기가 아니라고 하여 강제로 이들은 헤어져야만 했고, 본인의 뜻과는 관계없이 미국유학을 떠났다고 했다.

지난 날 있었던 일은 또 다시 되풀이 될 수 있는 법이다.

나는 그가 아버지 생전에 결혼하지 않은 까닭을 충분히 이해할 수 있다고 생각한다.

그는 이제 H그룹을 이끄는 당당한 회장이 되었고, H그룹은 창업주가 살아 있을 때보다도 더 발전하고 있다는 이야기를 들었다.

젊은 회장 내외는 부부사이도 좋고 아기들도 있다는 이야기를 들었다.

1천여년 전 비운의 애인이었던 그들이 천여년만에 다시 만나서 가정을 이루었으니 화목하게 사는 것은 너무나도 당연한 일이라고 생각한다.

그들의 앞날이 내내 평탄하기를 비는 마음 간절하다.

2) 두번째 이야기

얼마 전 일이었다.

시내 모 종합병원에서 마취의로 일하고 있는 한 젊은 의사가 나를 찾아온 일이 있었다.

그는 사랑하는 애인이 있었는데 어찌된 영문인지 부모님과 자기 누이동생이 맹렬하게 반대해서 결혼을 하지 못하고 있노라고 했다.

부모님이 반대하는 이유가 자기도 납득할 만큼 뚜렷한 것이라면 이토록 고민은 하지 않을 것이라고 했다.

부모님도 누이동생도 그저 생리적으로 싫다고 했다는 것이다.

그러나 오랜 세월에 걸친 꾸준한 설득 끝에 부모님의 동의를 간신히 얻어내자, 이번에는 애인 쪽에서 스스로 물러날 뜻을 밝혔다고 한다.

나는 이 젊은이를 본 순간, 어디서 많이 본 것 같은 느낌이 들었다.

처음에는 누구를 닮았는지 얼른 생각이 나지 않았는데 곰곰이 생각해 보니 지금의 H그룹 회장과 쌍둥이 같이 닮은 얼굴이었다.

애인과 부모의 사진, 그리고 누이동생의 사진을 본 순간 번개같이 떠오른 생각이 있었다.

"이렇게 혼인이 안되는 이유는 자네의 전생에 그 원인이 있는 것 같네."

하고 나는 다음과 같이 설명해 주었다.

그는 왕자호동의 후신이었다.

애인은 낙랑공주요, 부모님은 낙랑공주의 부모였던 최리왕 내외였다.

누이동생은 왕자호동을 사모했던 낙랑공주의 이복동생이었다.

아들의 애인이 마음에 들 까닭이 없었다. 왕자호동을 사모한 여인이 누이동생으로 태어났고, 그녀는 오빠를 무척 사랑하는 누이동생이었다.

전생의 라이벌이 나타났는데 그녀를 좋아할 수 있을 까닭이 없었다.

내가 이 이야기를 들려주자 젊은 의사는 눈물 콧물을 흘리면서 흐느껴 울었다.

1천여년에 걸쳐서 맺히고 맺힌 한이 풀림이었다.

그 뒤, 그 젊은 의사는 나를 찾지 않았다.

그가 행복한 결혼을 하게 되기를 바라는 마음 간절하다.

화성인(火星人) 유리마와의 만남

아마 이 책을 읽은 분들 가운데에는 이미 유리마에 대한 이야기를 알고 계신 분들도 많으리라고 생각한다. 그것은 몇 년 전에 화제를 불러일으킨, 한국의 한 이름없는 젊은이가 70여 통의 연애편지를 보낸 결과, 1980년도 미스 프랑스로 뽑힌 브리짓드 쇼오케양과의 결혼을 성공시킨 이야기이다.

요즘 세상에 70여 통의 연애편지를 보내다니, 머리가 좀 돈 게 아닌가 하고 비웃을 사람들도 있겠지만 여성의 마음이란 묘한 것이어서 낯선 이국(異國)의 젊은이가 자기를 여신(女神)과 같이 받들어서 수없이 보낸 연애편지에 마침내 그녀는 마음의 문을 연 것이었다.

요즘 젊은이들은 너무 급진적이어서 알게 된지 며칠도 되지 않아서, 호텔이나 여관 문을 들어서는 것을 아무렇지 않게 여기곤 하지만 나와 같은 기성세대의 입장에서 보면 세상은 정말 낭만과 꿈이 사라졌다는 느낌이 든다.

그런 뜻에서 유리마 청년의 세기(世紀)의 결혼은 아직 이 세상에 낭만적인 꿈이 남아 있다는 하나의 좋은 증거가 아닌가 생각된다.

　그런데 이 유리마가 사실은 나의 제자였다.
　지금으로부터 4~5년 전 일이라고 기억된다.
　어느날 저녁, 젊은이 몇 명이 나의 연구원을 찾아왔는데 그때 별명이 '유리마'인 유재승군도 끼어 있었다.
　그 무렵, 나는 요즘과 달라서 만나는 사람마다 마구 영사를 해서 그 누구에게나 전생이 있다는 사실을 밝히는데 열중해 있었던 때였으므로, 유군의 전생에 대해서도 이야기를 해주었다.
　"자네는 아득한 옛날, 프레디아스 성단(星團)에서 날아온 우주인이었으며, 처음에는 우리 태양계(太陽系)의 화성에 정착했지만, 그 뒤 윤회전생의 과정에서 지구인으로 재생된 것 같네. 그렇기 때문에 자네의 잠재의식과 무의식 속에는 화성인으로서의 숨겨진 기억이 있을 것일세. 또 어쩌면 이번 생애 중에 지구인으로서의 구실이 끝나면 살아서 화성으로 돌아갈 가능성도 있네. 중세시대(中世時代)에는 프랑스의 귀족으로 세 번이나 계속해서 태어났고, 유명한 검객이기도 했던 것일세. 모르긴 해도 나하고는 지금으로부터 약 12000년 전에, 그러니까 프레디아스에서 우리 태양계에 첫발을 들여 놓았을 때 한번 만난 일이 있고, 그때 오늘을 기약하고 헤어진 것일세."
　"그렇다면 오늘 안선생님을 뵈온 것은 결코 우연이 아니란 말씀이군요."
　"이 세상에 사람의 만남은 하나도 우연은 없는 것이야. 나는 자네의 잃어버린 과거의 기억을 되찾아 주는 구실을 맡았던 것일세."

"잘 알겠습니다."

"자네가 전생에 우주인이었든가, 프랑스의 귀족이었다는 뚜렷한 증거는 하나도 없는게 사실이지만, 자네는 프랑스 말을 배우기 시작하면 다른 사람들보다 무섭게 빠르게 익숙해질 것이고 또한 펜싱을 배운다면 곧 머지않아서 사범이 될 수 있을 것일세. 그것이 내 말이 옳다는 증거라면 증거라고 할 수 있겠지. 바로 전생에서는 프랑스 출신의 신부 아니면, 이태리 출신의 신부로서 조선 말기에 한국에 와서 순교한 일이 있으며, 그때문에 이번에는 한국인으로서 재생된 것이 아닌가 생각되네. 또한 그때 신부가 되기 전에 약혼자가 고국에 있었는데, 자네가 신부가 되었기 때문에 자연히 결혼 약속은 취소가 되었고, 그녀도 수도원에 들어가서 수녀가 되어서 일생 동안 독신으로 지냈던 것이 아닌가 생각되네. 그 여인이 또다시 프랑스 여인으로 재생해서 머지 않아서 자네를 만나러 이곳을 찾을 것 같은 예감이 드네. 그 여인은 첫 눈에 자네를 알아볼 것일세. 내가 말한 것이 거짓말이 아니라면 말일세. 내 판단이 거짓이 아니라면 자네는 그 자리에서 그녀를 사랑하게 될 것이고, 또한 그녀 역시 자네를 좋아하게 되어서 끝내 두 사람은 결혼하게 될 것일세. 아무래도 자네는 앞으로 국제결혼을 해서 세상을 떠들썩하게 만들 것 같네."

하고 말했더니 유군은,

"사실은 제가 열 여섯 살 되던 해에 아주 이상스러운 꿈을 꾼 일이 있습니다. 비너스의 여신(女神)이 꿈 속에 나타나서 전생에서 저의 아내였었노라고 말하고, 머지않아서 서로 만나게 되어 있으니까, 자기가 나타날 때까지 제발 다른 여인과 인연을 맺지 말고 기다려 달라고 했습니다."
라고 말하는게 아닌가.
"자네는 대단히 유체(幽體)가 발달되어 있기 때문에 그 꿈이 맞을 가능성이 크다고 생각하네."
하고 나는 이렇게 이야기를 했던 것이다.

그로부터 한동한 유군은 나를 찾지 않았는데, 그녀와 결혼하게 되기 바로 전에 찾아와서 사실은 1980년도의 미스 프랑스와 결혼하게 되었노라고 보고를 해온 데는 저으기 놀랐다.

사람에게는 누구에게나 뚜렷한 전생이 있다는 것, 남자와 여자가 서로 만나서 결혼을 해서 사랑의 보금자리를 만드는 것도 전생에서부터의 인연이 없이는 불가능하다는, 심령학적인 진리를 세상에 널리 퍼뜨린 하나의 사건이었다고 나는 생각한다.

"사실 걱정입니다. 결혼한 뒤의 일들이……"
"그것은 그다지 걱정하지 않아도 좋을 거라고 생각하네. 왜냐하면 자네는 전생에서 적어도 150년 이상 프랑스의 귀족으로서 생활한 경험이 있기 때문에 지금의 현실에 적응하는게 굉장히 빠를 것일세. 또한 유명해지기도 했으니까. 그곳에서의 직장도 곧 마련될 것일세. 문제는 이제부터 자네가 어느 만큼 성실하게 살아가느냐에 달린 것일세."

나는 이 말을 선물 삼아 그를 전송했다.

스스로 화성인의 재생이라고 온 천하에 성명을 낸 '유리마' 곧 유재승군의 신혼가정이 행복하기를 바라는 마음 간절하다.

전생에서 정사한 사람들

 어떤 괴로운 사연이 있든 인간은 이 세상에 태어난 이상, 최선을 다해 살아야 할 의무가 있다고 생각한다.
 목숨을 줌도 하늘이요, 목숨을 거두어감도 하늘의 소관이지, 인간이 나설 일이 아니기 때문이다.
 인간이 육신을 갖고 이 세상에 태어나는 까닭은 이 물질계에서 많은 체험을 쌓아서 종말에는 하나의 별을 다스리기 위함이며, 신(神)이 되기 위함이라고 나는 말한 적이 있거니와 자살하는 것만큼 큰 죄가 되는 것도 바로 이 때문이라고 생각한다.
 그러기에 과거 많은 사람들이 여러 가지 이유로 해서 스스로 목숨을 끊곤 했었다.
 아마 유사이래 자살한 사람들의 수효를 헤아린다면 몇천만 명이 넘고도 남으리라고 생각한다.
 그런 수많은 종류의 자살들 가운데 한쌍의 남녀가 그들의 사랑을 이루지 못하는 것을 비관하여 동반 자살을 한 경우도 엄청나게 많으리라고 생각한다.
 그런 남녀의 동반 자살이 다음 생애에 어떤 결과를 가져오나를 실례를 들어서 살펴보고저 한다.

A의 경우

나까무라 야스오는 40대 초반에 접어든 중년 신사이다.
비록 크지는 않지만 건실한 중소기업의 사장이고 인물도 결코 추남은 아니었다. 추남은커녕 어떻게 보면 어여쁜 여인과 같은 인상을 주는 남자였다.
그런데 그는 독신이었다.
본인의 말에 의하면, 왜 그런지 여성과 인연이 멀다는 것이었다. 여성과 서로 사랑해 본 경험이 단 한번도 없노라고 했다. 얼른 믿어지지 않는 이야기였다.
그런데 그를 만나보니 인상이 여느 사람과 달랐다. 남장한 여자가 아닌가 싶게 너무나도 곱살했다.
영사를 해보니 놀라운 사실이 드러났다. 전생에서 이루지 못할 사랑을 했고, 그 결과 두 사람은 스미다강에 투신자살을 했음이 밝혀졌다.
이 세상에서 맺지 못할 사랑, 저승에 가서 한 몸이 됩시다 하고 그들은 자살하기 전에 굳게 약속을 했던 것이다.
그 결과 그들은 죽어서 영혼이 하나가 되었고, 그런 상태로 재생을 한게 분명했다.
"당신은 몸은 남자지만 마음은 여성입니다. 그렇기 때문에 여성을 볼 때, 남성의 눈으로 상대방을 보는 게 아니라 여성과 같은 눈으로 보기 때문에 반할 수가 없는 것입니다. 또 그렇기에 여성들은 당신에게서 이성(異性)으로서의 매력을 느끼지 못하는 것입니다. 한편으로는 당신의 마음속에는 전생에서의 애인이 들어 있기 때문에 다른 여성과 결혼하는 것을 반대하고 있기도 하고요. 이러니 어떻게 정상적인 결혼을 하겠습니까? 당신은 입으로만 결혼하고 싶다고 하는 것이지, 사실은 어느 누구하고도 결혼하고 싶지 않은 것입니다."

그는 한참 동안 생각에 잠기더니 내 말이 전부 수긍이 간다고 했다.

나는 그에게 우선 '옴 진동수' 가족이 되라고 권했다.

지금은 두 사람의 유체(幽體)가 혼합되어 있어서 분리하기 어려우나, 적어도 100일 이상 '옴 진동수'를 마시면 분리시키는게 가능할 것이라고 했다.

그는 내 충고를 받아들여 '옴 진동수' 복용 가족이 된지 100일 뒤에 제령을 했다.

그 결과는 놀라웠다.

제령을 하자, 그의 인상이 당장 바뀌었다.

지금까지의 나약한 여성과 같은 곱살한 인상이 사라지고 사나이다운 얼굴로 바뀌었다. 성격에도 변화가 일어났다.

여지껏 매력을 못 느끼던 여성다운 여성에게 매력을 느끼게 되었다.

그 뒤, 나는 이런 경우를 여러 번 체험했다.

두 남녀가 정사(情死)를 한 결과 저승에서 유체(幽體)가 하나가 되어서 재생된 경우에는 그 영혼의 분리가 가능하다는 것을 알았다.

그렇게 함으로써 여지껏 결혼하지 못했던 사람들을 결혼시킨 예는 많다.

물론 이 경우, 여성이 되는 경우는 거의 예외없이 사내같은 인상을 주는 여성이 된다는 것도 알았다.

이런 경우에도 제령을 하면 곧 인상이 바뀌곤 했다.

여성다운 여성으로서의 변신이 가능한 것이었다.

B의 경우

국가공무원으로 과장까지 승진한 중년 신사가 얼마 전에 나를 찾아 온 일이 있었다. 그는 나이가 마흔이었다.

아직 총각이라고 했다.

스물 여덟살에 한 여성을 만나서 서로 사랑하게 되어 결혼까지 하려고 했으나 부모님들의 맹렬한 반대로 하는 수 없이 헤어졌다고 했다.

그 뒤 그 여성은 결혼을 했으나 자기는 여지껏 독신이라고 했다.

그런데 얼마 전에 그 여자의 동생이 특채로 자기 과에 들어와 일을 하게 되었는데 괴로워 견딜 수가 없다고 했다.

그는 다른 문제 때문에 나를 찾아온 것인데 의논 끝에 이런 이야기까지 했던 것이다.

그는 여지껏 그 여성과 세 번에 걸친 인연이 얽혀 있었다.

첫번째 인생에서는 서로가 원수의 집안에 태어난 사이였다. 부모들의 맹렬한 반대로 뜻을 이루지 못하고 그들은 정사(情

死)를 했다.

두번째 인생에서 그들은 이란성쌍생아(二卵性雙生兒)로 태어났다.

그의 집안에서는 이런 사실이 외부에 알려지면 집안 망신이 된다고 하여 아들만 기르고 딸은 소작인 양녀로 주어버렸다.

아들은 자라서 어른이 되었다.

그는 무예를 즐기는 성품이라 무과에 급제하기 위하여 검술과 마술, 궁술을 익혀서 고수(高手)의 경지에 이르렀다.

여행을 하다가 산적에 붙잡혀 가는 한 젊은 여인을 구해준 일이 있었다.

어여쁜 여인이었다.

한쪽 뺨에 별 모양의 커다란 점이 있는 것이 유난히 눈에 띄는 여인이었다.

젊은이는 여인을 구하여 길을 가다가 소나기를 만났다. 급한 김에 근처에 있는 물레방아간에 뛰어 들어서 비를 피했다. 여인은 함빡 비를 맞아서 옷이 몸에 찰싹 들러붙어 유난히 요염했다. 여인은 남자에게 감사하고 있었다.

바깥에 빗소리는 요란하고 주위에는 인기척도 없었다.

소나기인줄 알았는데 비는 좀처럼 멎으려고 하지 않았다.

가까운 인가(人家)까지 가려면 십리는 더 가야만 했다. 빗속을 갈 수 없는 처지였다. 그럭저럭하는 동안에 날은 어두워 갔다. 결국 그들은 물레방아간에서 정을 통하고 말았다.

그리고 운수 사납게도 이 단 한번의 통정(通情)으로 여인은 아기를 갖게 되었다. 하는 수 없이 젊은이는 부모님에게 이 사정을 이야기를 하고 그녀와 결혼하도록 허락해 주기를 간청했다.
　부모님은 전후 사정을 듣더니 남의 집 처자를 임신까지 시켰다니 하는 수 없다며 데려 오라고 했다.
　반승낙을 얻은 셈이었다.
　젊은이는 처자를 데려다가 부모와 상면을 시켰다.
　처자를 본 순간 젊은이의 부모님은 크게 놀라는 기색이었다. 갑자기 태도를 바꾸어서 무슨 일이 있어도 이 처자하고만은 결혼을 승낙할 수 없노라고 했다.
　그리고 반대하는 이유도 설명하려고 하지 않았다. 그러나 아들의 줄기찬 추궁에 견디지 못하여 어머니가 마침내 실토를 했다.
　한쪽 뺨에 별점이 있는 것과 처자가 자라난 과정을 듣고보니 어려서 강보에 싸서 내다버린 딸이 분명하다고 했다. 아무리 서로 사랑해도, 남매인 것이 밝혀진 지금, 결혼을 허락할 수 없지 않느냐고 했다.
　젊은이는 절망하고 부모를 원망했다. 그렇다면 처음부터 누이동생을 내다버리지 않고 남매로서 길렀다면 이런 비극은 일어나지 않았을게 아니냐고 했다. 젊은이의 부모가 반대하는 까닭을 처자는 따져 물었다.
　뱃속의 아기는 자꾸 커가고 있으니 이대로 가다가는 애비없는 자식을 낳을 판이었기에 처자는 필사적이 될 수밖에 없었다.
　사랑하는 여인의 추궁에 견디다 못해 젊은이는 전후 사정을 이야기 할 수밖에 없었다.
　여인은 이야기를 듣고 그저 말없이 눈물만 흘릴 뿐이었다.
　자기는 먼 곳으로 떠나서 아기를 낳고 혼자 기르면서 일생을 보내겠노라고 했다.
　마지막으로 그들은 통정을 했다. 그날 밤 여인은 당산나무에 목을 매어 자살을 했다.
　젊은이는 땅을 치고 통곡했다.
　그는 자기의 부모가 끝없이 원망스럽기만 했다. 그는 외아들이었다.
　장가가기를 부모는 원했지만 그는 일생을 독신으로 지냈다. 죽은 누이동생을 아무래도 잊을 수가 없었기 때문이었다.
　그리고 이번에 세번째로 그 여인을 다시 만난 것이었다.
　이번에도 부모의 반대로 결혼을 하지 못했다. 독신으로 일생을 보낼 결심이었다.
　좋은 직장에 인물도 뛰어난 사람이었다. 혼처는 얼마든지 있었다. 그러나 그의 마음에 드는 여인은 한 명도 나타나지를 않았다.
　삼생에 걸쳐서 사랑했던 그 여인을 아무래도 잊을 수가 없었기 때문이다.
　이런 경우, 나로서도 속수무책일 수밖에 없다.
　다음 번 세상에나 다시 만나서 그때에는 기어이 부부가 되도록 기도를 해주는 수밖에 다른 도리가 없다.

공항에서 만난 부부

1992년에 있었던 일이라고 기억된다.

이른 봄이 아니었던가 생각된다. 그때 나는 일본방문을 마치고 귀국하는 길이었다.

나리다 공항에서 한쌍의 한국인 부부를 만났다.

주위의 눈치를 볼 것도 없이 한국말로 이야기를 주고 받는 그들의 모습이 무척 반가웠다. 나도 한국인이라고 하면서 말을 붙이고 인사를 했더니, 놀랍게도 남자는 내 이름을 알고 있었다.

고등학교 시절, 한때 내가 쓴 심령과학 관계 서적을 탐독한 일이 있노라고 했다.

알고 보니 이 젊은이는 미국 유학중에 만난 어여쁜 여인과 결혼을 했고, 결혼한 지 이제 한달밖에 되지 않는다고 곁에 서 있는 여자를 소개해 주었다.

고국으로 신행을 오는 길이라고 했다.

그런데 내가 젊은 여자를 보니 왜 그런지 불길한 인상이 들었다.

이대로 두면 무슨 사고를 당하여 오래 살지 못할 것 같다는 느낌이 들었다.

　그렇다고 처음 만난 사람들에게 나의 이런 예감을 알려줄 수는 없는 일이었기에 나는 신랑을 넌지시 불러서 작은 목소리로 귀띔해 주었다.

　당신의 부인에게 머지않아 불행한 일이 닥칠 것 같으니 서울에 오거든 한번 둘이서 내 사무실에 들르라고 했다.

　그렇게 하면 능히 불행을 막도록 조처를 해주겠다고 했다. 내 말을 잊으면 나중에 크게 후회할 일이 생길 것이라고 단단히 당부하고 헤어졌지만, 결국 그들 부부는 나를 찾지 않았다.

　그 뒤 3년이라는 세월이 흘렀다.

　나도 자연히 그들을 잊고 있었는데 하루는 예고없이 그 젊은이가 나를 찾아 왔다. 첫눈에 그가 누군지를 알아볼 수가 있었다.

　나는 나도 모르게 이렇게 물었다.

　"부인은 아직 살아계십니까?"

　물어놓고 나서 나는 당황했다.

　오랜만에 만난 사람에게 이런 실례된 말을 묻다니 하고 나는 속으로 은근히 후회했다.

　그러나 젊은이의 반응은 전혀 뜻밖이었다. 그는 내 질문이 떨어지는 순간, 말없이 눈물을 흘렸다.

　"제 처는 죽었습니다. 그때 선생님의 충고대로 선생님을 찾기만 했어도 제 처는 죽지 않을 수도 있었을 것입니다. 제 처는 선생님 댁을 방문하고 싶어 했는데, 제가 친구들과 어울려 술을 마시느라고 그만 기회를 놓친 것이죠."

　하고 그는 계속 눈물을 흘렸다.

진심으로 후회하는 표정이었다.

"혹시 결혼한 지 100일째 되던 날 교통사고를 당한 게 아닌가요?"

하고 나는 물었다.

그는 두 눈을 크게 뜨면서 그렇다고 대답했다.

이야기를 듣고 보니 더 후회가 된다고 하면서 흐느껴 울었다.

나는 젊은이를 영사한 결과를 이야기해 주는 수밖에 없었다.

그는 지금으로부터 약 150년 전, 인디언 호오크족의 추장이었다.

사냥을 나갔다가, 실수를 해서 스스로 만든 덫에 걸려서 하반신이 마비되어 버리자, 아내는 딸 하나를 남겨둔 채 도망을 치고 말았다.

추장은 오직 딸 하나만을 의지하고 살았다. 어렸을 때는 아버지의 동냥 젖으로 자란 딸이 커서는 지팡이 노릇을 하게 되었다.

아버지를 봉양하느라고 딸은 혼기도 놓치고 말았다.

그녀는 딸이면서도 아내가 남편을 사랑하듯이 아버지를 사랑했다. 그러니 마음에 갈등이 클 수밖에 없었다.

어느 달밝은 날 밤, 딸은 보름달을 향해 기도를 했다.

"아버지이지만 다음 세상이 있다면 아버지의 지어미가 되어서 100일 동안만이라도 아버지를 행복하게 할 수 있게 하여 주소서."

이것이 원인이 되어서 그들은 다시 태어났고 부부가 되었다.

그러나 그 젊은이의 부인 마음 속에는 커다란 갈등이 있었다. 남편이 남편 같지 않고, 어려서 세상을 떠난 아버지 같이만 느껴졌던 것이었다. 부부생활을 하는데 커다란 죄의식을 느끼곤 했다.

"혹시 돌아가신 부인이 부부생활을 하는데 죄의식같은 것을 느끼지는 않던가요?"

하고 내가 물었다.

"안선생님이 그걸 어떻게 아십니까?"

하고 젊은이는 놀라워했다.

그리고 결혼 일주일 전에 처음으로 성관계를 갖고 자기는 까닭모를 죄의식에 괴로워했다고 했다. 어차피 결혼하면 성관계를 갖게 마련인데 양심의 가책을 받을 까닭이 없다고 아무리 타일러도 마음이 편치가 못했다는 것이었다.

아내는 성생활을 안하고 정신적인 부부생활만으로 만족할 수 없겠느냐?고 몇 번이나 호소를 했다고 한다.

착실한 교인이었던 그녀는 잠자리에 들기 전에 꼭 기도를 했다고 한다.

이런 아내의 태도에 그는 많은 저항을 느껴서 여러 가지로 설득을 해 보았지만 아내의 성생활에 대한 죄의식은 끝내 사라지지 않았다고 한다.

나는 그에게 또 이런 질문을 했다.

"당신이 근무하던 미국회사에 인디언 여성이 있었는데 그녀에게 강한 성적인 매력을 느낀 일이 없었습니까?"

하고 물었더니 그는 얼굴을 붉히면서 그런 일이 있었다고 시인

했다.

　나는 그 여인이 바로 전생에 도망친 아내의 재생이며, 머지않아서 그녀와 같은 영혼을 나누어 갖고 있는 한국 여자를 만날 인연이 있으니, 그런 일이 생기거든 이번에야말로 함께 꼭 찾아오라고 일렀다.

　그 뒤 1년이 지났다.

　그 젊은이는 30대의 한 여자를 데리고 나를 찾아왔다. 그녀는 기혼여성으로서 두 아이까지 있었으나 현재 남편과는 별거중이라고 했다.

　듣고 보니 꽤 이름이 알려진 여류화가였다.

　단발을 한 모습의 얼굴이 유난히 붉은 것이, 생김새가 인디언 여성이었다.

　전생에서 젊은이를 버리고 떠난 부인이 미진한 인연이 있어서 다시 만나게 된 것이 분명했다.

　부인은 현재 이혼 수속중이라고 했다.

　남편과 이혼이 성립만 되면 이 젊은이와 결혼하여 미국으로 이민(移民)갈 생각이라고 했다. 젊은이는 이미 미국시민권을 갖고 있었다.

　"두 분이 결혼하면 아마 귀여운 첫 딸을 낳기가 쉬울 겁니다. 바깥 양반의 죽은 부인이 다시 태어날 가능성이 있다는 이야기죠. 그렇게 되면 전생에서의 가족들이 다시 만나게 되는 셈이죠. 따님을 사랑해 주세요, 두 분의 장래를 축복합니다."

　하고 나는 그들을 보냈다.

　이 이야기는 마침 취재 나온 한국일보의 사회부 기자였던 손태수(孫太秀)씨에 의해 기사로 쓰여져서 신문에 발표되었다.
　많은 사람들이 그 기사를 읽고 사람에게 전생이 있음을 믿게 되었노라고 나에게 이야기해 주었다.
　그중에는 자기의 전생을 알고 싶다고 나를 찾아온 사람들도 많았다.
　그들이 결혼을 했는지, 어떻게 살고 있는지, 아직 연락이 없어서 알 길이 없다.

볼리바이에서 온 사나이

1

현실은 소설보다 신기하다는 속담이 절실하게 실감한 일이 있다. 그 이야기를 해 볼까 한다.

지금부터 몇 달 전의 일이다.

잠을 청하려고 막 자리에 누웠는데 시내 N호텔에서 낯선 외국 손님으로부터 전화가 걸려 왔다.

전화를 받은 아내가 일본의 오끼나와에서 온 손님이라고 했다. 들어 보니 내 체질개선연구원의 회원은 아니지만, 직접 나를 만나기 위해서 일부러 오끼나와에서 왔다는 것이었다. 회원은 이야기를 직접 나눈 뒤에 가입할 예정이라고 했다.

국내 손님 같으면 다음 날로 미룰 것이지만 우선 먼 낯선 땅에서 찾아온 사람이고 보니 나는 직접 통화 하였다.

"정말 안선생님이십니까? 밤 늦게 전화를 걸어서 매우 죄송합니다. 미리 연락도 하지 않고 불쑥 찾아와서 정말 죄송합니다. 하지만 이렇게 간단하게 안선생님과 통화가 될 줄은 몰랐습니다."

 수화기를 통하여 들려오는 목소리는 사뭇 감격에 떨고 있는 듯한 음성이었다.

 "일요일과 공휴일을 빼고 오후 1시에서부터 3시 사이에는 언제든지 여기 있습니다. 누구하고나 면담은 가능합니다."

 "네, 그렇습니까? 그런 것도 모르고 좀처럼 만날 수 없는 분인줄로만 알았죠. 그래서 3주일 동안 체류할 생각으로 찾아온 것입니다."

 전화를 걸어 준 주인공은 여간해서 믿기가 어렵다는 말투였다.

 "나는 보통 사람입니다. 다만 일반사람보다는 조금 더 앞이 보일 뿐인 거죠. 구름 위에 사는 신선이 아닙니다. 내일 묵고 있는 N호텔로 오전 11시까지 찾아갈 테니 아무 데도 가지 말고 기다려 줄 수 있겠죠. 네?"

 이렇게 해서 다음 날 약속이 정해졌고, 나는 겨우 잠자리에 들 수 있었다.

 그 손님과 만나서 어떤 이야기를 주고 받았는지, 이야기를 재미있게 하기 위해 그의 고백수기라는 형태로 기록을 해 볼까 한다.

2

 제 이름은 오끼 다쓰야(沖達也)입니다. 일본인으로서 지금부터 약 24년 전, 18세가 되던 해에 부모님을 따라 남아메리카의 볼리비아로 이민을 하였습니다.

낯선 타국으로 이민을 가서 성공을 하고 정착한다는 것은 정말 힘든 일입니다.

나무를 느닷없이 다른 땅에 심는다면 아마도 그 나무는 잘 자라기가 어려울 것입니다.

사람은 식물과는 달라서 그 생명력이 훨씬 억세기는 합니다만, 역시 이민은 나이가 젊었을 때 가야 될 것으로 생각합니다. 50대에 가까운 사람이 이민을 해서 성공한 예는 별로 없는 것 같으니까요.

낯선 타국의 환경에 적응하기에는 너무 나이가 많기 때문이죠. 그 점에서 저는 행운아였던 셈입니다.

부모와 형제와 함께 고국을 떠난 것이니까, 홀몸으로 이민해 온 사람들과는 달리 처음부터 외로움에서 해방은 되어 있었으니까요. 하지만 도중에 아버지가 돌아가셔서 느닷없이 큰아들인 저에게 식구들에 대한 모든 책임이 몰려 와서 정말 혼이 났었지요.

하지만 24년 동안, 열심히 일한 덕분에 조그마하지만 제 소유의 빌딩도 생기고, 화물선도 한 척 가진 제법 생활에 여유를 갖게 되었지요.

저는 흔히 생각하곤 했었죠.

어려서 고국을 떠나길 잘했다고요. 여러분도 잘 아시다시피 일본의 오끼나와란 곳은 워낙 좁아서 성공하거나 출세할 여지가 없는 곳이니까요.

저는 표면상으로는 카톨릭 신자로 등록이 되어 있기는 합니다만, 솔직하게 말해서 진실한 신앙심은 없었습니다. 다만 휴

일에 가족들과 함께 성당에 가서 기도를 드리는 분위기만 즐기고 있었던 것 뿐이었죠.

물론, 저는 제 자신 앞에 현재 놓여져 있는 환경에 대해서는 그지없이 만족한 상태였습니다. 그러한 저에게 어느 날 야릇한 두통과 함께 이상한 일이 일어나기 시작했습니다.

이른바 환청이라고나 할까요. 한번도 들어 본 일이 없는 굵은 사나이의 목소리가 머릿속에서 들려오기 시작했던 것입니다.

"그동안 자네는 잘 버티어 왔지만 이제 때가 왔으니 모든 것을 정리하고 고국인 일본으로 돌아가야 하네. 머지않아서 무서운 전염병이 돌기 시작하고 그 때문에 일본은 멸망 직전까지 가게 될 거란 말일세. 그러나 자네와 자네의 짝패들 즉, 일곱 명의 무사들의 힘에 의해서 구조되게 되어 있는 거라네. 빨리 돌아갈 준비를 하는게 좋을 게야."

저는 소스라치게 놀랐습니다. 틀림없이 누군가가 제가 보이지 않는 곳에 숨어서 복화술 같은 것을 써 가지고 저에게 소곤거린 것인 줄로만 알았던 것이었으니까요. 그래서 조심조심 사방을 둘러보았지만 한 여름철의 뜨거운 햇살이 쪼이는 길거리에는 아무도 없었습니다. 적어도 백 미터 사방에는 사람의 그림자라고는 하나도 보이지 않았던 것입니다. 저는 저도 모르게 가슴이 덜컥 내려앉았습니다. 바로 악마의 속삭임이란 이런 것이 아닐까 하는 생각이 들었기 때문입니다. 오직 한 번 들은 목소리였지만 그것은 결코 잊을 수 없는 강한 특징을 가진 굵은 사나이의 목소리였습니다.

저는 진심으로 두렵다는 기분을 태어난 뒤 처음으로 이때 체험했던 것입니다.

　그런데 그로부터 일주일 동안, 그 굵은 목소리는 들리지 않았습니다. 저는 그래서, 그때 너무나도 피곤했던 탓에 환청을 들은 것이려니 생각하기 시작했습니다.

　낮에 쉬는 시간, 아무도 없는 사장실에서 제 책상 위에 두 다리를 올리고 기분 좋게 콧노래를 흥얼거리고 있었을 때였습니다. 또다시 전번에 들었던 것과 똑같은 목소리가 이번에는 의심할 여지도 없이 제 머리 속에서 들려오기 시작했던 것입니다.

　그것은 전번의 것과 같은 내용이었지만, 좀더 강력했고 거의 명령과 다름없는 것이었습니다. 저는 마음속에서 강한 저항을 느꼈습니다.

　그 순간, 머리가 빠개지는 것 같이 아파오기 시작했습니다.

　"잘 들어야 한다. 너는 수없이 되풀이 해온 전생에서 헤아리기 어려울 만큼 많은 사람들을 죽였고, 많은 여인들을 욕보인 과거를 가진 수많은 영혼들이 모여서 이루어진 인간이다. 그러니까 이 우주의 법칙에 의하여 그 과거의 죄에 대한 속죄를 하지 않으면 안되는 거다. 알겠느냐?"

하는 음성과 함께, 그 사나이는 무시무시하게 커다란 목소리로 웃기 시작했습니다. 그리고는 한참만에 산울림처럼 메아리치면서 그 목소리는 자취도 없이 사라져 버렸던 것이었죠. 그 순간 머리가 빠개질 것 같던 두통도 씻은 듯이 사라져 버렸습니다.

　'아무래도, 한 번 정신과 의사 신세를 져야겠는 걸!' 하고 저는 생각했어요. 하지만, 그 뒤 너무나 바쁜 일상생활 때문에 저는 좀처럼 정신과 의사를 찾을 기회가 없었습니다.

그로부터 또 다시 일주일 가량, 아무런 일도 없이 지난 어느 날 밤의 일이었습니다. 저는 한밤중에 아무 까닭없이 갑자기 잠이 깨었던 것입니다. 평소에 저는 잠을 잘 자는 편이어서 한 번 잠자리에 들면 아침이 되기까지 깨는 일은 여간해서 없었습니다.

그런데 그때는 누군가에 의해 두들겨 깨워진 것처럼 갑자기 잠에서 깨어났습니다.

누군가 보이지 않는 사람의 그림자가 어두운 방 안에 숨어 있는 것 같은 느낌이었습니다. 그래서 머리맡에 놓여 있는 스탠드의 스위치를 눌렀지만, 어찌된 영문인지 불이 켜지지 않았습니다. 그 순간 저는 왈칵 무서운 생각이 들었죠. 바로 그때였습니다.

"쓸데없는 생각은 하지 않는게 좋을 게다. 어차피 나는 자네 눈에는 보이지 않는 존재니까 말이야."

하는 귀에 익은 그 사나이의 목소리가 또 다시 머리속에서 들려왔습니다. 저는 온 몸이 부르르 떨림을 느끼지 않을 수 없었습니다.

"자아 이번에는 내가 허락 할테니 다시 한번 단추를 눌러보라구. 이번에는 틀림없이 전등이 켜질 테니까."

그래서 스위치를 반사적으로 눌렀더니 전등이 확 켜졌습니다. 아무리 살펴보아도 방안엔 아무도 없었습니다.

저는 퍽 오래 전부터 아내하고 각 방을 쓰고 있었기 때문에 저 혼자였던 것이죠.

"나는 자네가 생각하는 단순한 환청은 아니라네. 실재하는 뚜렷한 존재란 말일세. 자아 보라구! 나의 보이지 않는 손가락으로 스탠드를 꺼 보일테니까."
 다음 순간, 방안은 캄캄한 어둠에 휩싸이고 말았습니다.
 "당신이 환청이 아니라면 도대체 누구십니까?"
하고 저도 모르게 소리를 내어 이렇게 물었습니다.
 "좋아. 이제 비로소 내 존재를 인정하기 시작했군 그래. 사실은 말이네, 나는 신령님의 사자로서 자네가 이 세상에 태어난 뒤, 잠시도 한 눈을 팔지 않고 줄곧 자네를 지켜 온 존재야. 알겠나?"
 "그러시다면 저를 지켜 주시는 보호령이란 말씀입니까?"
 "잘 알고 있구만 그래. 간단하게 말하자면 그런 셈이지. 그런데 이번에는 나보다 훨씬 상부층에 계시는 윗분에게서 자네와 직접 접선을 하라는 지시가 내려온 것일세."
 몇 번인가 듣고 있는 동안, 저는 그 눈에 보이지 않는 존재의 목소리 속에는 저에 대한 굉장히 뜨거운 애정이 담겨 있음을 알게 되었습니다.
 그 순간, 두렵다는 느낌이 씻은 듯이 사라졌습니다. 무슨 말이던지 들어 보겠다는 기분이 들었습니다.
 그런 저의 마음을 금시 눈치챈 듯,
 "좋다, 좋아. 이제 겨우 자네는 마음의 문을 열기 시작했구면. 무엇이든지 궁금한게 있으면 물어 보게나."
 "그렇다면 여쭈어 보겠습니다만, 당신께서 실재하시는 존재라는 것을 제가 확인해서 저의 가족들에게도 알려 줄 수 있는 방법은 없을까요?"

"그야 있구말구. 내가 읽어 줄 테니까 메모를 하라구. 그리고 그 메모한 곳이 실제로 이 세상에 존재한다는 것을 확인한다면 자네는 내 말을 믿게 될 것일세. 어차피 자네는 내가 이제부터 알려주는 일본의 출판사의 이름이라든가, 한국의 뛰어난 초능력자의 이름 같은 것은 한번도 본 적도 없고, 들은 일도 없을 테니까, 잠재의식에서 튀어나온 지식이라고는 할 수 없을 거야."

그리하여 그때 비로소 대륙서방의 이름과 안동민 선생이 집필하신 심령 관계 책들이 있다는 사실을 알게 되었던 것입니다. 그래서 다음날, 곧 대륙서방에 전화를 걸어 보았더니 분명히 그곳 직원이 나온 데는 정말 놀라지 않을 수 없었습니다. 또한 안선생님이 쓰신 심령 과학에 관한 여섯권이나 되는 일본어 책들이 출판된 지 3년 가까이 된다는 사실을 알게 된 것도 정말 놀랄 만한 일이었습니다. 그래서 저는 단순한 환청이라고만 생각했던 낯선 사나이의 존재를 비로소 믿을 수 있게 되었던 것입니다. 책을 주문해서, 실제로 안선생이 쓰신 저서를 읽고 저는 갑자기 눈앞을 가로막고 있던 어둠이 한순간 사라져 버림을 분명하게 느낄 수 있었습니다.

"우선은, 이곳 일들을 정리하고 고국에 그것도 오끼나와로 돌아가야만 하네. 알겠나."

하는 목소리가 제가 볼리비아에서 들은 마지막 접촉이었습니다. 저는 여러 날 망설인 끝에, 지금까지 있었던 일들을 모두 숨김없이 아내에게 이야기하고 함께 고국으로 돌아가 줄 것을 간청했습니다. 그런데 말씀입니다. 아내의 이때 받은 충격은 정말 대단했습니다.

"당신 미쳤수? 머리가 돈게 아니우? 우리들은 이제 당당한 볼리비아의 시민이예요. 우리들 소유의 어엿한 빌딩도 있고, 배도 갖고 있어요. 무엇 하나 부족한 게 없는 부유한 몸이란 말씀이예요. 당신과 저, 둘이서 20여년 가까이 한눈팔지 않고 열심히 일해 온 덕분에 이만한 재산을 만든 거예요. 당신이 그렇게 아무것도 없는 오끼나와에 돌아가고 싶다면, 혼자서 가시구려. 저와는 이혼하구요. 물론 애들도 재산도 모두 제 것이에요. 당신 몸 하나만 돌아가시구려."

그야말로 말도 붙여 볼 수 없는 쌀쌀한 반응이었죠. 저도 크게 낙담하지 않을 수 없었죠. 결국, 여지껏 제일 가까운 줄로만 알았던 아내도 알고 보니 제일 먼 낯선 타인에 지나지 않았던 것이니까요.

그런데 아내에게서 저의 비밀을 털어놓았던 그날 저녁 때의 일이었습니다. 저녁 식사를 하는 자리에서 올해 대학에 진학한 큰 아들이 몹시 걱정스러운 표정으로 말문을 열었습니다.

"어머니한테 들었는데 아버지께선 요즘 굉장한 고민이 있으신 모양이죠. 한 번 정신과 의사 선생님을 찾아가셔서 상담해 보시는게 어떨까요? 너무 과로한 데서 비롯된 단순한 환청일 거예요."

저는 말없이 자리에서 일어나 서재에 가서 안선생님이 쓰신 몇권의 책들을 들고 나왔습니다.

"그 목소리가 가르쳐 주어서, 나는 여지껏 한번도 그 이름을 들어본 적도 없는 고국의 출판사에 주문을 해서 이 책들을 입수한 거란다. 이것이 무엇보다도 그 목소리가 환청이 아니라는 증거가 아니겠어."
하고 저는 말했습니다.
　아들 녀석은 안선생이 쓰신 책들을 힐끗 곁눈질해서 보았을 뿐, 집어 들려고도 하지 않고 그냥 두 손으로 머리를 끌어안고 말았어요.
　"생각했던 것보다 사태가 심각하군요. 큰일이로구나."
　그리고는 다시는 아무 말도 하려고 하지 않았습니다.
　아내는 무슨 일이 있어도 일본으로 돌아가지 않겠노라고 이혼해 달라는 것이었고, 애들도 아내와 같은 생각이어서 저는 정말 실망하지 않을 수 없었습니다.
　그로부터 두 주일이 지난 뒤였습니다.
　남태평양 바다 위에서 뜻하지 않은 폭풍우를 만나 제 소유의 화물선은 어이없이 침몰하고 말았습니다.
　바다 위를 고무 보오트에만 의지해서 표류하던 몇 명의 살아 남은 선원들의 보고로 그 사실을 알게 된 그날 저녁, 이번에는 제 소유의 빌딩이 원인 불명의 화재로 인하여 완전히 타 버리고 말았습니다.
　저는 그날부터 무일푼이나 다름없는 신세가 되고만 것이었습니다.
　"무엇이고, 목숨을 건지고 나서 볼 일이야! 이 이상 거역하다가는 이번에는 가족들의 목숨을 차례차례 빼앗길지 모르니까 돌아가는게 좋을 것 같구만."
하고 말했더니, 바로 며칠 전까지만 해도 그렇게 강경했던 아내가 정말 너무도 어의없을 만큼 그 고집을 꺾었습니다.
 "역시 신령님은 계신가 봐요. 우리들에게 새로운 사명을 주셨는데 그것을 거부했기 때문에 우리들은 또 다시 한푼없는 가난뱅이가 된 거예요.
 이렇게 되면 고향에 돌아가는 수밖에 다른 방법이 없지 않수. 어쨌든 이곳은 본시 우리들에게는 낯선 타향이고 돈 없이는 아무렇게도 움직일 수 없는 곳이니까……. 하기야 신령님이 개입해서 일어난 사건만 아니라면, 다시 원점으로 돌아가서 새 출발 할 수도 있겠지만 우리들이 아무리 단결을 해 보았자 신령님에게는 이길 수 없지 않아요. 단념할 수 밖에 없지 않수."
하고 아내는 엉엉 소리를 내어서 울었습니다. 이렇게 해서 우리들은 24년만에 오끼나와로 돌아가게 되었던 것입니다. 그런데 말씀입니다. 공항에 내렸더니 전혀 제가 알지 못하는 사람들이 3명이나 마중나와 있지 않겠습니까.

3

 "오끼 다쓰야씨, 정말 잘 돌아오셨습니다. 우리들은 오래 전부터 당신이 돌아오시는 날을 기다리고 있었습니다."
 세 사람 가운데 연장자 격인 이마이 도꼬로(今井所)라는 장년의 남자가 이렇게 말하자, 나는 정말 어안이 벙벙할 수밖에 없었습니다. 제 아내는 입을 딱 벌린채 그야말로 기가 막히다는 표정이었습니다.
 "저희들은 이른바 초능력자, 하느님으로부터 선택받은 새로운 세상을 여는 종자 백성입니다. 그리고 오끼님은 저희들의 총사령관이신 것입니다. 아직까지는 제가 무슨 말을 하고 있는지 전혀 모르시겠지만, 이제 곧 아시게 될 것입니다. 저희들이 말씀드리는 참뜻을 말합니다."

"알겠소."

하고 저는 고개를 끄덕였을 뿐이었습니다.

"이제부터 사실 집도 저희들이 모두 마련해 놓았으니까 전혀 걱정하실 필요는 없습니다. 또 훌륭한 직장도 준비가 되어 있으니까 돈 걱정하실 필요도 없습니다."

이 말을 듣고는 정말 한숨 놓았습니다. 제 처도 같은 심정이었을 것입니다.

아이들도 아무런 불만을 말하지 않고 새로운 환경에 적응하려고 애써 준 것에 여간 고맙지 않았습니다.

이렇게 오끼나와에 돌아온 지 며칠이 지난 뒤의 일이었습니다. 그들 가운데 한 사람이 저를 찾아 와서,

"이제 한국에 가서 안동민선생을 만나고 오셔야죠?"

"하지만 지금은 간신히 밥은 겨우 먹고 있지만 한국까지 가려면 여비가 만만치 않습니까? 지금 나에게는 그만한 돈이 없으니까 당분간 이것만은 보류하는게 좋을 것 같군요."

"그런 걱정은 하실 필요없습니다. 우리들 쪽에서 수배를 이미 해 놓았으니까, 이제부터 일주일 안에 누군가가 130만엔 정도를 갖고 찾아올 것입니다."

한마디를 남기고 돌아갔습니다. 저는 정직하게 말해서 여우에라도 홀린 것 같은 느낌이었습니다.

지금까지 여러 가지 이상한 체험을 하기는 했지만, 이것만은 아무리 생각해도 좀 지나치다는 느낌이 들었기 때문입니다.

그런데 말씀입니다. 그 사람이 이야기한 일이 현실에서 실제로 일어나고 말았습니다.

그로부터 꼭 일주일이 지난 어느 날 저녁, 저와는 평소에 일면식도 없는 한 낯선 노인이 저를 찾아 왔습니다. 알고 보니 그는 같은 동네에 살고 있는 고리대금업자로서 거금 130만엔을 갖고 저를 찾아왔습니다.

"이 돈을 여비로 삼아 한국에 가서 안동민선생을 만나고 오십시오. 나도 처음에는 믿지 않았지만, 어쨌든 똑같은 내용의 악몽을 연달아 한 달 이상 꾸고 나니 도저히 견딜 수 없었습니다. 흔히 하는 말이지만, 아무리 돈이 좋다 하지만, 설마 목숨하고야 바꿀 수 없는게 아니겠어요.

130만엔은 큰 돈이긴 하지만, 이 돈을 냄으로써 내가 과거에 지은 죄가 모조리 용서되고 연명될 뿐만 아니라 죽은 뒤에는 천국이나 극락 같은 곳에 갈 수만 있다면 싸게 먹힌 셈이지요."

하고 그 노인이 지난 한달 동안 똑같은 내용의 악몽에 시달린 꿈 이야기를 들려 주었습니다.

꿈 속에 낯선 선인이 나타나서 머지않아서 볼리비아로부터 오끼다쓰야라는 사람이 돌아오는데 그는 이웃 나라인 한국에 가서 안동민이라는 초능력자로부터 인류를 구할 수 있는 비결을 받아 오지 않으면 안된다는 것, 그 오끼의 여비로서 130만엔을 기부할 것, 그럼으로써 노인은 과거의 일체의 죄가 용서될 뿐만 아니라 연명이 될 것이며, 또한 죽은 뒤에는 천국이나 극락같은 곳에 재생할 수 있다는 이야기를 들었다는 것이었습니다.

하지만, 그 노인은 돈을 모으는 것 말고는 인생에 대해서 아무런 취미가 없는 사람이었으므로 처음에는 단호히 거절을 했다는 것이었습니다. 그러자, 그날 밤부터 거의 같은 내용의 악몽을 한달 동안 계속 꾸게 된 뒤에, 그 꿈 속에서 선인의 안내로 지옥 구경까지 하게 되었다는 것입니다.

만일 선인의 명령대로 하지 않는다면, 그 노인은 영락없이 지옥행임을 간접적으로 체험한 뒤에야, 그토록 완고하던 노인도 마침내 항복을 하고 말았다는 것이었습니다.

"그러니까 이 돈은 내 목숨과의 교환으로 하느님으로부터 받은 것이라고 생각하고 여비로 써 주십시오. 나중에라도 나에게 돌려 줄 필요는 없는 것이니까 안심하고 받아 주세요. 하느님께서 명령하신 용도에만 써 주면 되는 것이니까요. 이 돈을 아무 말 말고 받아 주는게 나를 도와주는 것이라니까요."
하고 어리둥절해 하는 나에게 억지로 돈다발을 쥐어 주고 그는 뒤도 안 돌아보고 돌아가 버렸지요.

저는 정말 여우에라도 홀린 것 같은 느낌이었습니다. 설마 이런 4차원의 세계가 실제로 존재한다는 것을 저는 상상도 해 보지 못했던 일이었으니까요.

"그런데 말씀입니다. 안선생 댁에 전화를 걸려고 했더니 어찌된 영문인지 수화기를 집어 들 수가 없는 것이었습니다."
하고 그가 말하는게 아닌가.

조사해 보니까, 그 무렵 나는 오끼나와에 있었던 게 분명했다.

"그렇습니까? 그 무렵, 오끼나와에 계셨다구요? 정말 아까운 짓을 했군요. 댁에다가 전화를 했더라면 일부러 먼 한국에까지 찾아오지 않아도 되었을 텐데."
하고 그는 사뭇 써 버린 여비가 아깝다는 표정으로 다음 말을 계속하였다.

"저에게 여러 가지 불가사의한 미래에 대해서 이야기해 준 여자 예언가의 말에 의하면, 한국에 가도 그렇게 간단하게 안 선생을 만날 수는 없으리라는 것이었어요. 아마도 3주일 정도 걸릴지도 모르니까, 여관도 되도록 싸구려 여관에 묵으라는 이야기였어요. 그래서 보시다시피, 호텔도 제일 싼 곳에 투숙한 것입니다. 설마, 전화 한번에 이렇게 간단하게 만나 뵙게 될 줄이야 상상이나 했겠습니까?"
하고 그는 계면쩍은 듯 뒤통수를 긁는 것이었다.

여자 예언자가 한 이야기 가운데 이것 하나만이 맞지 않았다는 것이었다.

"나는 그렇게 만나기 어려운 사람이 아닙니다. 나는 위대하기는커녕, 어느 의미에서는 과거세에서 수없이 죄를 지은 많은 사람들의 영혼이 한데 모여서 복합령의 형태로 거듭 태어났으며 과거세에 지은 죄를 속죄하기 위하여 열심히 일하고 있는 셈입니다. 신흥 종교의 교주로 착각해서는 곤란합니다."

"네, 그렇습니까? 그렇게 생각하시는게 안선생님의 정말 훌륭하신 점이군요."
하고 그는 감탄해 마지 않았다.

나는 그가 아직 읽어 보지 못했다는 일본의 대륙서방에서 간행된 4권의 일서와 한국어로 된 저서 2권, 그리고 영문판인〔심령문답〕1권을 선물로 주었더니 또 다시 감탄을 아끼지 않는 것이었다.

"이것도 여자 예언자가 미리 이야기해 준 사실입니다. 일곱 권의 책을 선물로 받을 것이라구요."

나는 그날 임시 휴업을 하고, 민속촌에 그를 안내해 주었다.

서울에서 조금 떨어진 곳에 있는 민속촌은 조선시대의 가옥과 풍속을 그대로 재현시키고 있는 곳이다.

그곳 직원들은 옛날 모델들이 여럿이 있어서 외국인 관광객들이 원하기만 한다면 옛날 한국식 결혼 의상을 입고 기념 촬영도 할 수 있는데 오끼씨는 많은 모델들 가운데 한 여자를 선정했다.

자기가 과거세에 한국인이었을 때의 마누라와 똑같이 생겼다는 이야기를 하고는, 둘이서 기념 촬영을 했고, 그 사진 한 장은 후일의 증거품으로 내가 갖고 있다.

민속촌을 한 바퀴 돌면서 여러 가지 이야기가 나온 끝에,

"저는 거의 정기적으로 쌍두의 백사에게 왼쪽 발목을 물리는 꿈을 꾸곤 하는데, 이 꿈은 무슨 뜻일까요?"
하고 그가 물었다.

쌍두의 백사에게 왼쪽 발목을 물리곤 했다는 꿈 이야기에 나는 깜짝 놀라지 않을 수 없었다.

왜냐하면, 그것은 태무진이 몽고를 통일하여 징기스칸이 된 뒤, 축하하는 사냥을 크게 베푼 자리에서 실제로 일어난 사건이었기 때문이다.

그때, 쌍두의 백사가 징기스칸이 탔던 말의 뒷다리를 물었고 그 덕분에 징기스칸은 여러 사람들이 보는 앞에서 낙마를 했다. 그 또한 왼쪽 발목을 쌍두의 백사에게 물려서 중태에 빠졌다.

그때 몽고에 망명해서 징기스칸의 군사 참모를 맡아 보고 있었던 사람이, 일본에서는 당시 전사한 것으로 되어 있었던 미나모도 요시쓰네(源義經)였는데 그는 키가 작았던 것을 빼 놓고는 징기스칸과 쌍둥이같이 닮은 얼굴의 소유자였다.

징기스칸은 마지막 숨을 몰아쉬기 전에 요시쓰네를 가까이 불러서 지금 자기가 변사한게 소문이 나면 모처럼 통일한 몽고도 또 다시 먼저대로 분열될 것이니 제발 자기 대신 징기스칸이 되어서 세계를 통일해 줄 것을 간곡히 부탁했다.

이국에 망명해서 징기스칸의 도움이 없었더라면 아마도 요시쓰네는 살아남기 어려웠으리라.

그런 큰 은혜를 베풀어 준 은인이 죽기 전에 한 부탁을 거절할 수가 없어서 요시쓰네는 그대로 징기스칸으로 변신하지 않을 수 없었다.

물론 징기스칸의 시신은 남몰래 화장되었고 그때부터 요시쓰네는 굽이 높은 구두를 신고 주위에 경호진을 쳐서 좀처럼 만나보기 어려운 절대군주가 되었던 것이 아닌가 한다.

"그렇다면 당신은 전생에서는 요시쓰네를 태무진의 막사에 데리고 간 사람이기도 하고, 또 진짜 징기스칸이기도 했다는 이야기군요. 또한 당신에게는 요시쓰네와 함께 일곱 나라를 정복한 용감한 무장의 혼도 복합령의 형태로 들어 있는 것 같군요."

"그것은 틀림없다고 생각합니다. 여자 예언자의 말에 의하면, 저는 이제부터 세계에서 손꼽히는 초능력자가 되어서 일곱 나라에 명성을 떨치게 된다고 하더군요."

"알겠소."

"그렇다면 안선생의 영혼을 구성하는 복합령 가운데도 요시쓰네가 분령의 형태로 들어 있는 셈이군요."

"그렇습니다."

"그러고 보니 한국에 오기 전에 아주 이상한 일이 있었습니다."

하고 그는 또 다시 다음과 같은 이야기를 들려 주었다.

저는 겨우 결심을 하고 한국으로 안선생을 찾아오기로 했습니다만, 아무래도 오끼나와에서 미리 전화를 걸지 못했던 것은 거절당할 것 같은 불길한 예감이 들었기 때문이었어요. 그래서 불쑥 찾아가는 수밖에 다른 방법이 없다고 생각했던 것입니다.

대한항공(KAL)편을 이용했던 것입니다만, 어떻게 된 셈인지 후꾸오까에서 1시간 뒤에 떠날 예정이었던 비행기에 문제가 생겨 다음날 출발하게 되어 하는 수 없이 저는 시내에서 하룻밤을 묵게 되었습니다. 그래서 택시를 잡아타고 적당한 여관에 안내해 달라고 부탁했더니 운전수는 뒤도 돌아다보지 않은 채,

"당신은 오랫동안 외국에서 살다가 본국에 돌아온 사람으로서 한국에 사는 유명한 초능력자를 만나러 가는게 아니오?"

하지를 않겠습니까?

그때, 저는 정말 소스라치게 놀라지 않을 수 없었습니다. 가

슴이 철렁한 겁니다.

"그걸 어떻게 아셨소?"

하고 물었더니,

"나는 가끔 가다 손님들을 보는 순간 이상한 예감을 느끼곤 한답니다. 그래서 그것을 확인해 보는 게 어느덧 습관이 된 셈이죠. 그런데 그게 맞는단 말씀이오."

하고 아무렇지 않게 이야기한 끝에,

"그렇다면 손님은 꼭 요시쓰네 신사에 참배를 하셔야 하는데."

"요시쓰네란 누구죠?"

"당신, 일본인이면서 요시쓰네도 모른다니 정말 한심하구먼!"

"그야 어렸을 때 이민가서 볼리바이에서 24년이나 살았으니까 모르는게 당연하지 않습니까."

"그러고 보니 그렇구먼. 하여튼 요시쓰네 신사에 참배를 하는게 좋을 게요. 영험이 대단한 곳이니까."

"아니, 나는 요시쓰네에 대해서는 흥미가 없으니까 시내 적당한 여관이나 안내해 주시오."

하지만 내 말에는 아무런 대답도 없이 운전수는 그냥 차를 모는 것이었어요. 어느덧 정신을 차려 보니 차는 시내를 벗어나 논밭이 보이는 시골길을 달리고 있었습니다.

"내가 가고 싶은 곳은 몸을 쉴 수 있는 여관입니다. 차를 돌려요."

그래도 운전수는 아무 대답없이 여전히 차를 몰 뿐이죠. 정말 저는 절망감을 느끼었습니다. 이 운전수, 내가 큰돈을 갖고 있는 줄 알고 도중에 강도로 돌변해서 살해한 후 그 근처 밭 구덩이에 파묻을게 아닌가 하는 공포심까지 느꼈던 것이죠.

그러자 차는 험준한 산비탈에 신사(紳士)가 서 있는 맞은 편 작은 여관 앞에 멈추었습니다.

"자아, 어서 내려요. 열심히 기도나 하시오. 내일 비행기 시간에 맞게 데리러 올 테니까, 택시 값은 그때 한꺼번에 내도록 하세요."

저는 무엇에 홀린 사람처럼 정신없이 차에서 내렸습니다.

여관 직원의 안내를 받아 들어간 방의 창문을 열었더니 신사가 정면으로 바라다 보였습니다.

그 순간, 저도 모르게 두 손을 합장했습니다. 순간, 눈물이 왈칵 쏟아져 내렸습니다. 정말 감개무량했습니다. 볼리비아에서 24년이나 지난 세월이 모두 꿈만 같이 느껴진 순간이기도 했습니다. 어쩐지, 오끼나와에 두고 온 처자식도 실재하지 않는 꿈 속의 존재같이 느껴졌던 것이죠. 제 자신은 현실과는 동떨어진 이른바 차원이 다른 낯선 세계에 납치되어 온 것과 같은 느낌이었던 것입니다. 이제 보니 안선생님이 요시쓰네와 깊은 인연이 있었기 때문에 그곳에 강제로 끌려가게 되었던 것이로군요. 하고 그는 깊이 한숨을 쉬었습니다

4

그날 나는 민속촌에서 돌아온 뒤, 대광사(大光社)라는 단골

보석점으로 그를 안내해서 초능력자용으로 만들어 놓은 자석이 박힌 대형 은반지와 역시 순은으로 만들고 보석이 박혀 있는 특제 박클이 달린 가죽 허리띠를 그에게 선물했다.

"이것도 여자 예언자가 분명히 말해 준 것입니다. 초능력자로 변신하는데 필요한 두 개의 보물은 안선생으로부터 받게 된다고요."

다음날, 그가 출발하게 되어 N호텔로 데리러 갔더니 그는 울어서 퉁퉁 부은 눈으로 프론트로 내려 와서,

"처음으로 저의 여러 가지 과거세에 있었던 일들이 생각났습니다. 굉장히 많은 나쁜 짓을 한 것을 알게 되었고, 기가 막혀서 울었던 것이죠."

하고 말하면서,

"어제는 정말 이상야릇한 체험을 했습니다. 호텔 방에 앉아 있는데 갑자기 제 얼굴이 안선생님의 얼굴로 변한 것 같은 느낌이 들었고 안선생님이 무얼 하고 계신지 알 것 같은 느낌이었어요. 거울을 보는게 겁이 났지만 용기를 내어 거울을 보았고 제 얼굴이 그대로 비친 것을 보고는 비로소 마음을 놓았습니다만, 이것은 어떻게 된 현상입니까?"

"그것은 말이오. 당신도 모르는 사이에 나의 의식과 동조했기 때문에 일어난 현상이었을 것입니다."

애당초 3주일 예정으로 내한했지만 뜻밖에도 빨리 나와 만나게 되어서 알고 싶은 것도 모두 알았기 때문에 곧 출국하고 싶다고 해서 호텔을 체크 아웃하고 나의 차로 공항까지 전송해 주었다.

그러나 때마침 연휴여서 빈자리가 없다는 것이었고 그 다음 날도 역시 안된다는 것이었다.

하는 수 없이 체크 아웃했던 호텔로 되돌아 와서 다른 방을 잡아 주고 서로 벌거벗은 상태에서 체질개선을 시키는 기술을 모두 가르쳐 주었다. 그런데 나중에 생각해 보니 아주 이상한 일이 있었다.

그것은 그가 한국에 오기 이틀 전부터 나도 아내도 까닭없이 그로기 상태가 되어 잠만 잤던 일이 있었다.

일본의 북해도에 살고 있는 무라마쓰 미찌고(村松道子) 여사도 이 무렵 똑같은 체험을 했다는 것이었다.

오끼씨에게 기운을 빼앗긴게 아닌가 싶기도 했다.

사흘째 되던 날, 그는 오끼나와로 돌아갔는데 그때 그가 남기고 간 말이 몹시 인상적이었다.

"이번 비행기로 가면, 역시 후꾸오까에서 하룻밤을 묵어야 한다는군요. 이번에는 자진해서 답례를 하러 요시쓰네 신사에 참배할 생각입니다."

그로부터 벌써 여러 달이 지난 셈인데 간단한 내용의 편지와 전화가 한번 걸려 왔을 따름이다.

오끼 다쓰야가 멀쩡한 거짓말을 꾸며대어서 나를 골탕 먹인 것이라고 하기에는 너무나도 이야기가 그럴싸하고, 또 만일 몽땅 거짓말이었다면 정말 대단한 솜씨가 아닐 수 없다고 생각했다.

20년 이상 소설을 써 온 나를 감쪽같이 속인 셈이니까 그 무한한 상상력과 달변에는 탄복할 따름이었다.

또한 한편으로 생각하면 그렇지 않고 그가 진실을 이야기했다는 느낌도 들었다.

　어쨌든 볼리비아에서 바람과 같이 와서 바람과 같이 사라진 오끼씨와의 인연은 나로서는 아직껏 완전히 믿기 어려운 사건이었다고 생각이 된다.

　여러 가지 점에서 미루어 보아, 그와는 장래에 또 다시 만나게 될 것 같은 느낌이 들기도 하고 그때는 어떤 일로 그와 재회하게 될 것인지 지금부터 기대해 볼 만한 일이 아닌가 여겨진다.

　이 이야기를 읽은 독자 여러분은 실화인지 픽션인지 구별하기가 어려우리라고 생각된다.

　그러나 이 이야기는 어디까지나 내가 경험한 실화이며, 오끼씨는 그뒤 크게 발전하여 오끼나와를 거점으로 하는 일본 전국에 조직을 가진 신흥종교의 교주가 되었다고 한다.

　나의 일본 회원들 가운데 그의 신자가 된 사람이 있어서 그의 육성이 담긴 녹음테이프를 나에게 보내옴으로써 그의 근황을 알게 되었다.

　지금 그는 나와는 비교도 안되는 큰 종교단체의 교주가 되었고, 나에게 도움을 받은 일은 입밖에도 내지 않는 그런 거물이 되었다고 한다.

제3부
인연(因緣)이라는 것

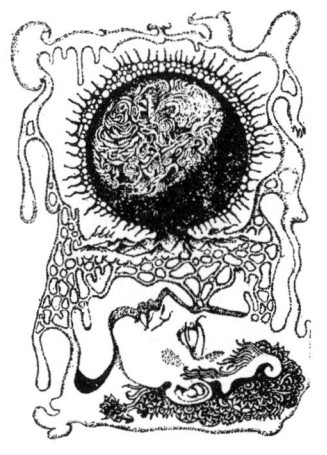

사진으로 전생(前生)을 본다

　세상에는 아무리 생각해도 '이상한 인연이다'라고 밖에 표현할 수 없는 생활을 하고 있는 부부가 뜻밖에도 많다.
　남편은 아내를 매우 사랑하고, 아주 가정에 충실한데, 부인은 남편을 싫어하고 있다. 그저 싫어하는 정도를 넘어 증오하고 있다면 이것은 무엇인가 잘못되었다.
　주위 사람들이 판단해 보아도, 이런 경우 남편에게는 아무런 비난받을 점이 없다고 할 때, 이것은 아내의 마음이 어딘가 이상한 것이 아닐까.
　이렇게 되면 부부는 분명히 '이상한 인연'이라고 밖에 말할 수 없다.
　단 한번도 남편은 외도한 일도 없고 보기에 민망하리만큼 아내를 사랑하고 있고, 누가 보아도 좋은 인상을 주는 호인인데 어째서 아내는 그처럼 남편을 싫어하고 있는 것일까?
　상식으로서는 쉽게 납득이 되지 않는 일이다. 그렇다고 해서 그 부인은 내가 보기에 절세의 미인도 아니고 미녀는커녕, 길거리에서 얼마든지 찾아볼 수 있는 평범한 가정주부에 지나지 않았다.

사진에서 본 남편이 부인보다는 훨씬 인물이 잘 생긴 미남자였다. 정말 열린 입이 닫혀지지 않아 나는 그저 멍할 뿐이었다.

필경 여기에는 우리네 상식으로서는 도저히 설명할 수 없는 깊은 사연이 있다고 생각되었다. 그래서 이 부인의 전생에 대하여 영사(靈査)를 해 보았다.

몇 년 전 아주 늦은 가을 어느날 일이었다. 첫눈에 아주 평범한 가정주부인 중년 여성이 나를 찾아 왔다.

그녀의 아들이 내가 쓴 〈심령과학 시리즈〉의 애독자여서, 아들의 권유를 받아 의논을 하러 찾아 왔다고 말했다.

그녀를 본 순간 신장 기능이 좋지 않다는 것을 금방 알 수 있었다.

"정신적으로 무엇인가 큰 충격을 받은 적이 있습니까?"

"그와 같은 일은 없었습니다. 제 생각에는 저의 병은 남편 때문에 생긴 것이라고 여겨집니다. 지금이라도 남편과 헤어질 수만 있다면 곧 완쾌돼리라고 생각됩니다."

"남편의 성격이 나쁘다든가, 외도를 한다든가 합니까?"

"아뇨, 전혀 그렇지가 않습니다. 저의 남편은 가정에 아주 충실한 사람이고, 또한 저를 굉장히 사랑하고 있습니다. 하지만 생리적으로 싫은 것을 어쩌겠습니까? 이야기하는 것을 보는 것도 싫고, 걷는 모습이라든가, 하여튼 모든 것이 소름끼치게 싫습니다. 특히 밤의 부부생활은 저로서는 지옥에 떨어져 받는 고통과 같습니다.

한때는 남편이 첩이라도 얻어 지냈으면 싶어서 그런 권고도 해보았습니다만 남편은 전혀 귀담아 들으려고도 하지 않았습니다. 남편에게는 오직 저만이 여자로 느껴진다면서 다른 여자에 대해서는 전혀 관심을 가질 수 없다는 것입니다. 저의 남편은 남달리 색을 밝히는 사람도 아닙니다. 남자로서는 아주 담담한 편이라고 생각이 됩니다만, 그래도 어쩌다 행하는 밤의 부부관계가 저로서는 참으로 참기 어렵고 지겹고 고통스럽습니다. 세상에서 남편과 성교를 하는 것처럼 괴로운 일은 없다고 생각 됩니다. 특히 남편이 전혀 비난할게 없는 훌륭한 인격자라는 사실이 저는 더 못견디게 괴롭습니다.

제가 정당하게 그를 미워할 수 있는 구실을 하나도 주지 않기 때문이죠. 만일 제가 남자였다면 이미 오래 전에 이혼을 했을 겁니다. 지금 저에게 남겨진 것은 둘 가운데 한 명이 죽을 때까지 참고 견디는 것, 그리고 아이들 가운데 누구든지 결혼을 하게 되는 날에는 남편 곁을 떠나서 애들과 함께 살겠다는 희망밖에 없습니다. 물론 죽은 뒤에도 하나의 무덤 속에 들어간다는 것은 절대 싫습니다."

그 부인은 무척 남편을 싫어하고 있음이 분명했다. 이 부인의 이야기를 듣는 동안, 나는 참으로 어쩔 수 없는 부부로구나 하고 그저 어이가 없었다.

"너무도 행복해서 그런 말씀을 하시는게 아닐까요? 아니면 결혼하기 전에 누군가 몹시 사랑했었는데 말 못할 사정으로 헤어진 일이 있는게 아닐까요?"

"당치도 않은 말씀입니다. 그런 사람이라도 있었다면 얼마나 다행이겠어요. 남편의 품에 안겨 있으면서 그 사람 생각을 하면 되니까, 어느 정도 고통에서 벗어날 수가 있겠지요. 그러나 저에게는 그런 남자도 없습니다. 다만 못 견디게 남편이 싫은 것입니다. 이 세상에는 아내를 학대하고, 술주정꾼으로서 가정에 충실치 않은 남편들도 많다는 사실을 저도 알고 있습니다. 그런데 아무런 이유도 없이 남편을 미워하고 있는 제자신이 때로는 두렵고 무섭게 느껴질 때도 있습니다. 이렇게 살다가는 어느날엔가 천벌을 받을지도 모른다는 생각에서 온갖 애를 써보았습니다만, 그것도 전혀 도움이 되지 못했습니다."

"아이들은 몇입니까?"

"네명이 있습니다. 모두 하나같이 착하고 학교 성적들도 좋습니다. 이 아이들을 불행하게 하지 않기 위해서 저는 억지로 남편과 함께 살고 있는 셈입니다. 제가 생각하기에도 여기에는 무엇인가 제가 모르고 있는 깊은 사연이 있다고 여겨집니다. 병이라고 하면 이런 고약한 병은 아마 찾아볼 수 없을 것 같습니다. 제가 남편을 싫어하고 미워하는 이 병을 고칠 수 있는 방법은 정말 없는 것일까요?"

하고 그녀는 깊은 한숨을 몰아 쉬었다.

이 부인의 경우는, 도저히 상식으로서는 납득이 가지 않았다. 반드시 그들 부부의 전생에 어떤 깊은 사연이 있든지, 아니면 그녀의 남편을 몹시 미워하면서 죽은 사람 중 누군가가 주변에 있어서, 그 망령이 부인에게 빙의되어 일어난 현상이 아닌가 하고 나는 판단을 내렸다.

"내일이라도 좋으니까 남편의 사진을 가져 오십시오. 부인의 마음 속 깊이 도사리고 있는, 부인도 전혀 모르고 있는 진짜 원인을 알아내기 전에는 지금 시술을 받아도 아무 소용도 없으니까요."

그녀는 알았다고 고개를 끄덕였다.

다음 날, 그녀는 남편의 사진을 갖고 왔다. 사진을 본 순간, 나는 소스라치게 놀라지 않을 수 없었다.

그들 부부의 전생에서의 인연이 너무도 기상천외한 것이었기 때문이었다. 두 사람의 전생에서의 인연이 그대로 한폭의 그림이 되어서 내 눈앞에 떠올랐다. 그와 동시에 남편을 그토록 미워하는 까닭도 충분히 이해할 수가 있었다.

그 이야기를 이제부터 적어 보고저 한다.

오랜 옛날 중국의 절강성(浙江城) 근처에 부유한 한 가족이 살고 있었다. 소작인들을 많이 거느리고 있는 이들 집안의 살림은 일가친척들이 모두 부러워하는 선망의 대상이었다.

대지주라고는 하지만 결코 나쁜 사람이 아니었고 소작인들로부터도 존경을 받고 있었다.

다만 불행한 일이 있다면 외아들이 맞이한 며느리에게서 자식이 태어나지 않는다는 사실이었다. 부모와 주위 사람들이 모두 조바심을 내어 보약을 먹이는 등, 야단법석을 떨었지만 며느리에게는 영 태기(胎氣)가 동하지 않았다.

이대로 자꾸 세월만 지내다 보면 집안은 자연히 절손(絶孫)이 될 입장이고 보니 가족들은 말할 것도 없고, 일가친척들이 모이기만 하면 며느리에 대한 험담을 늘어놓곤 했다.

더 나이를 먹기 전에 며느리를 친정으로 돌려보내고, 새로운 며느리를 맞아들여야 한다고 주장하는 사람들도 많았으나 당사자인 부부가 너무 금슬이 좋았고 며느리가 자식을 낳지 못한다는 오직 한가지 결점만 빼놓고는 하나도 나무랄 데가 없는 며느리였으므로, 시댁에서 쫓겨나지 않았다.

이들 집안은 독실한 불교신자이기도 했다. 그들이 자주 찾는 절은 용화사(龍華寺)라는 명찰(名刹)이었다.

이 절의 본존(本尊)부처님에게 100일 기도를 드려서 옥동자를 점지해 받은 이야기를 누구에게선지 들은 며느리는, 시부모님에게 부탁을 해서 100일 기도를 올리기로 했다.

어차피 손자도 낳지 못하니 조만간에 친정으로 돌려보낼 예정인 며느리였다. 시부모가 쾌히 승낙한 것은 지극히 당연한 일이었다. 며느리는 시부모님의 허락이 떨어진 날부터 절에 머무르시면서 정성껏 기도를 했다.

100일 동안 정해진 거처를 한번도 떠나지 않고, 오직 자식을 점지해 줍소서 하고 성심성의를 다해 기도를 올렸다.

부인이 용화사에 온 것은 초여름이었는데 100일이 지날 무렵에는 이미 늦은 가을로 접어들고 있었다. 햇빛도 잘 들지 않을 정도로 녹음이 무성했었는데 어느덧 단풍이 들었고, 뒷산에서 새들의 지저귀는 소리도 서글프게 들리는 계절이었다.

소원을 빌기 시작한 지 100일이 되던 날 아침이었다.

이 절의 주지스님이 부인을 찾아 왔다

"오늘로서 100일 기도가 끝나는군요. 몸을 정갈하게 하고 한마음으로 기도를 하지 않으면 안됩니다. 또한 오늘 밤중에 무엇인가 이상한 일이 생기더라도 절대로 소리를 질러서는 안됩니다. 잘 아셨지요?"

부인은 말없이 고개를 끄덕였을 뿐이었다.

그날 저녁, 주지스님은 이상한 옷을 한 벌 부인에게 주었다. 속옷을 입지 말고 이 옷을 몸에 걸치고 있으라고 말하면서 왜 그런지 주지스님은 부인의 얼굴에서 시선을 피했다.

그 순간, 부인은 까닭모를 불안을 느꼈고 가슴이 두근거렸으나, 그 까닭은 알 수가 없었다.

그날 밤, 한밤중이었다. 밤늦게까지 외곬으로 기도를 드리고 있던 부인은 너무도 피곤해서 그대로 잠이 들어 버리고 말았다.

보통날과 달리 이상하게 졸려 왔다.

저녁 식사 뒤에 마신 감주(甘酒)가 왜 그런지 마음에 걸렸다.

'잠들어서는 안된다. 오늘 밤이 100일 기도 마지막 밤이니까 자서는 안된다.'

하고 이를 악물고 버텨 보았으나 쉴새없이 몰려드는 졸음을 물리칠 수가 없었다.

부인은 어느덧 깊은 잠에 빠지고 말았다. 어느만큼 잤던 것일까? 부인은 꿈속에서 본존불(本尊佛)께서 자리에서 일어서 동자(童子)를 하나 자기 품에 안겨 주는 것을 느꼈다.

"부처님 정말 감사합니다."

부인은 부처님이 손수 안겨 주신 동자를 정성껏 받아 품에 안았다. 그런데 이상한 일이 벌어졌다. 그 갓난애가 굉장히 무거웠다. 천근의 무게로 가슴을 짓누르는 듯 했다. 몸부림치는 동안에 깊은 잠에서 깨어난 부인은 자기 몸 위에 사내의 몸이 겹쳐 있음을 알았다.

　달도 없는 어두운 밤이었다. 한치 앞도 분간할 수 없는 캄캄한 밤이었다. 정신을 차렸을 때는 이미 사나이의 몸과 부인의 몸은 하나가 되어 있었다.

　100일 동안 남편과의 육체적인 교섭을 끊었던 젊은 부인이었다. 자기와 한 몸이 된 사내가 누군지는 전혀 분간을 할 수 없었으나 부처님의 동자를 안겨 주신 꿈이 너무나도 선명했었기에 부인은 사나이가 하는 대로 몸을 내 맡겼던 것이었다. 아니 그저 몸을 맡긴 것만이 아니었다.

　어느덧 부인은 태어나서 처음으로 황홀경을 경험하고 있었다.

　이런 음탕한 즐거움을 느껴서는 안된다고 아무리 마음속으로 외쳐 보아도 어쩔 수 없는 이상한 기분이 들었다.

　조수(潮水)와 같이 밀려드는 뭐라고 형용할 수 없는 황홀한 느낌, 몸 전체가 그대로 녹아버리는게 아닌가 싶어지는 이런 황홀한 느낌은 남편과의 부부생활에서는 한번도 경험하지 못했던 전혀 색다른 체험이었다.

　자기의 몸과 하나로 녹아버린 어둠 속의 사나이는 남편과는 전혀 다른 우람한 체격을 가지고 있었다. 부인은 헐떡이면서 몇 번이고 사나이의 몸을 힘껏 끌어 안았다.

　두 남녀의 운우(雲雨)의 정이 절정에 이른 순간, 부인은 자기도 모르게 신음소리를 내면서 사나이를 와락 끌어 안았다.

　그뒤 부인은 또 다시 깊은 잠에 빠지고 말았다.

　다음날 아침, 잠에서 깨어난 부인은 간밤에 있었던 일이 어쩐지 꿈만 같았다.

곁에는 이미 사나이의 모습은 없었지만, 잘 생각해 보니 분명히 꿈은 아니라고 생각되었다. 몸에 걸치고 있던 옷이 모두 벗어던져져 있었고, 두꺼운 이불이 덮여 있는 것을 보면 자기가 잠든 뒤에 누가 다녀간 것이 분명했다.

요 위에 얼룩이 져 있는 것을 눈으로 확인한 순간, 간밤의 광란의 장면이 눈 앞에 떠올라 얼굴이 확확 달아 올라왔다.

그날 아침 일찍 작별인사를 한 부인은 왜 그런지 주지스님의 얼굴을 똑바로 바라다 볼 수가 없었다.

100일 기도가 끝난 지 얼마 지나지 않아서 부인은 아이를 잉태했고, 열달이 지난 뒤에 옥동자를 낳았다.

가족들이 모두 크게 기뻐하기는 했지만, 부인은 아무래도 이 아이가 남편의 자식이 아니라고 생각되었다.

어둠속에서 얼굴도 모르는 사나이와 나눈 정교(情交)와 비교하면, 그 뒤의 남편과의 성생활은 아무런 느낌도 없는 것이었기 때문이다. 때로는 그 이름도 얼굴도 본 적이 없는 사나이가 그리워지기도 했다. 그 사람이야말로 진짜 애 아버지라는 확신을 하기에 부인은 그 사나이가 더 그리웠던 것인지도 모른다.

내가 영사(靈査)하는 동안은, 상대편 영파(靈波)와 동조하지 않으면 안되기 때문에 내가 그때의 부인이 된 것 같은 기분을 느꼈다. 정말 이상한 느낌이었다.

여자들이 느끼는 황홀상태가 어떤 것인지 이때 직접 체험한 셈인데, 몇백년 전에 부인이 전생에서 경험한 느낌을 전혀 타인인 내가 이토록 선명하게 느낄 수 있다는 것은 생각하면 정말 이상한 일이 아닐 수 없다.

　잠시 이야기가 다른 방향으로 흘렀다.

　부인이 낳은 아이는 커감에 따라 용화사 주지스님과 비슷한 얼굴로 변해 갔으나, 아무도 부인의 행실을 의심하는 이는 없었다.

　부인이 낳은 사내아이는 무럭무럭 자라서 열 일곱 살 때에는 이미 향시(鄕試)에 합격했고, 스무살이 되기 전에 그 당시 관리의 등용문인 과거시험에도 장원급제해서 아주 순조롭게 출세를 했다.

　부인이 환갑을 맞이했을 때는 이조판서의 지위에 올라 있었고, 손자손녀는 여섯명이나 되었다. 그러나 노부인의 마음에는 언제나 남모르는 어두운 그림자가 드리워져 있었다.

　한편 용화사 주지스님의 일생도 행복한 것은 아니었다.

　부처님을 모시는 몸으로서 여자를 범한 죄를 졌다는 양심의 가책도 있었지만 분명히 자기의 아들인 부인의 자식을 보아도 자기가 아버지라는 것을 떳떳하게 밝힐 수 없는 자기의 입장이 끝없이 가련하게 느껴졌기 때문이었다.

　"부처님, 소승은 분명히 여범(女氾)의 죄를 범했습니다. 그러나 이 일로 해서 그 부인은 남편의 집에서 쫓겨나는 일도 없이 그 아들이 자라서 대신의 자리에 까지 올라갔습니다. 바라옵건데 소승이 성불하는 것은 뒷날로 미루겠으니 다음 세상에는 정정당당하게 그녀와 부부가 될 수 있도록 맺어 주시옵소서."

　하고 주지스님은 남모르게 본존불 앞에서 이렇게 기도를 올리곤 했다.

　"그래서 그때의 주지스님이 지금의 부인의 남편이 된 것입니다. 전생에서는 파계(破戒)를 하여 여범(女汜)의 죄까지 범하면서 당신을 구해준 사람입니다. 부인은 그때 절에서 받은 너무나도 큰 충격 때문에 생리적으로 남편을 미워하게 된 것이 아닌가 생각됩니다. 현재도 부인의 남편은 부인을 진심으로 사랑하고 있는 것입니다. 이런 사실을 깨닫게 되면, 남편에 대한 감정도 변할 것으로 생각됩니다. 그리고 아들을 미워하면서도 철도 사고로 죽은 시어머니가 계시다고 했지요?"

"네."

"부인이 남편을 미워하기 때문에 같은 마음을 가진 시어머니의 영혼이 빙의된 것입니다. 그 분을 떠나게 하면 부인의 가정은 원만해질 겁니다."

나의 이런 설명을 듣고 그녀는 크게 깨닫는 듯 했다.

며칠 뒤의 일이었다. 나를 찾아 온 부인은 그날 이후로 남편을 미워하던 마음이 깨끗이 사라졌다고 했다.

"정말로 이상한 일입니다. 안선생님으로부터 그 이야기를 들은 순간이었습니다. 눈 앞을 가리고 있던 짙은 안개가 한꺼번에 사라진 것과 같은 기분이 되었습니다. 남편이 불쌍하게 느껴진 것도 저로서는 처음 겪는 이상한 경험이었습니다."

하고 말하면서 그녀는 명랑하게 웃었다.

물론 내가 영사(靈査)한 그녀의 전생이 정말 그랬었는지 지금에 와서 확인할 방법은 없지만, 어쨌든 내가 들려 준 이야기를 듣고 부인의 가정이 원만해졌다면 그것으로 좋지 않을까?

캄프리박사 이야기

우연히 알게 된 것이 인연이 되어서 그 뒤 여러 해에 걸쳐 이상으로 가깝게 지낸다는 것은 요즘 세상에서 그렇게 흔히 찾아볼 수 있는 일은 아니다.

'캄프리박사'로서 알려져 있는 서명석(徐明錫)씨와 나와의 교우관계가 그 드문 예이다.

광화문 근처에서 출판사 간판을 내리고 성광자기체질개선연구원(聖光磁氣體質改善硏究員)의 간판을 올린 뒤 얼마 지나지 않은 때의 일이다.

〈주간여성〉에 실린 '기묘한 인생'이라는 기사〔(주)그것은 내 이야기였다〕를 읽었다면서 중년 신사 둘이 나의 연구원을 찾아왔다.

먼저 서로 인사를 나누었다.

"스님과 신부님이 함께 오셨군요."

하고 나는 한마디 했다.

그 순간, 나이가 많아 보이는 사람이 기쁜 표정을 지으면서,

"우리들 가운데 누가 스님이고 누가 신부인가요?"

하고 진지한 표정으로 물었다.

"당신께서는 그 옛날 중국 소림사의 주지스님으로서 소림 권법을 창시한 분이니까 지금은 스님은 아니지만 스님이라고 부른 것입니다. 또 한분은 3대에 걸쳐서 대대로 천주교 신자의 집안에서 태어난 것이 분명할 뿐 아니라, 이 앞서 세상에서는 신부로서 순교한 분 같이 보였기 때문에 신부님이라고 말씀드린 것입니다."

방문객은 그 순간 무릎을 탁 치며 감탄을 했다.

"저는 분명히 독실한 불교신자이고, 처남은 3대째 천주교 신자의 집안에 태어난게 분명합니다. 물론 전생에서 누구였다는 것은 믿기 어려운 이야기입니다만, 지금의 우리들 입장은 틀림없이 말씀한 그대로 입니다."

그 순간이었다. 나의 연구원에서 일하는 미스터 왕이 나를 한구석으로 은밀히 불러 이렇게 이야기를 했다.

"원장 선생님께서는 지금 아주 커다란 실언(失言)을 하신 것 같습니다. 소림 권법을 창시한 분은 제가 알기로는 달마대사이십니다. 그 분은 성인에 속하는 분이십니다. 저분이 달마대사의 제자분이 재생(再生)하신 것이라면 납득이 됩니다만, 달마대사께서 직접 재생하신 분이라는 것은 전혀 말이 안 된다고 생각됩니다. 만일 우리나라 불교계에 이 사실이 알려지면 원장 선생님의 입장이 매우 난처해지실 것입니다."

하고 진지하게 말했다. 그러나 나는 이때의 영사에 대하여 스스로 부정할 생각은 조금도 없었다.

서명석씨가 그 유명한 달마대사가 아니라는 분명한 증거가 없을 뿐만 아니라, 오히려 그가 달마대사의 후신(後身)인게 분명하다는 증거가 그 뒤 많이 나타났기 때문이다.
 불교의 경전(經典)을 보면 달마대사는 인도의 왕자였다고 했는데 그것도 생각해 보면, 후세 사람들이 뛰어난 스님을 신격화(神格化)하기 위해서 만들어 낸 전설이기 쉽다고 생각한다.
 서명석씨와 알게 된 후, 며칠이 지난 뒤의 일이었다. 그날은 일요일이라서, 집에서 쉬고 있는데 그에게서 전화가 걸려 왔다. 별로 바쁜 일이 없다면 인천에 있는 자기 집에 함께 가줄 수 없겠느냐는 것이었다. 그 순간, 별 이상한 사람도 다 있구나 하고 생각했다. 사무실에서 며칠 전에 첫 대면했을 뿐인데, 일요일에 쉬고 있는 사람을 불러내서 특별한 용무도 없는데 인천까지 가자고 한다는 것은 분명히 상식에 어긋나는 일이었고, 또한 나도 어쩐지 외출하는게 마음이 내키지 않았다.
 그래서 어떻게든 구실을 만들어서 거절을 하려고 했는데, 그 순간 머릿속을 번개처럼 스쳐 가는 것이 있었다.
 '내가 가지 않는다면 사람이 한명 죽을지 모른다'는 느낌이었다.
 생각하기에 따라서는 터무니없는 생각이었으나, 그러나 불길한 예감인 것만은 분명했다.
 어쨌든 이런 불길한 예감을 받고 매정하게 거절할 수는 없는 일이라고 생각했다. 가령 내가 인천에 가지 않아서 어느 한 사람이 죽어버리는 일이 생긴다면 심령적으로 보아 그 책임이 나에게 돌아올 것이기 때문이다. 그래서 나는 마음은 내키지 않았지만 그가 자주 나간다는 J은행 근처의 어느 다방에서 그를 만났다. 밖은 유난히 을씨년스러웠고 곧 첫눈이 내릴 것 같은 음산한 기분이었다. 다방에서 여러 가지 이야기를 나누고 보니 명랑한 겉모습과는 달리 그의 집안은 매우 불행한 환경이었다.

부인하고는 오랜 세월에 걸친 불화 끝에 두 사람 사이에는 이미 부부생활도 중단된 지 오래여서 남과 다름이 없었고, 특히 그가 장래를 기대하고 사랑했던 둘째 아들은 물에 빠져 죽었고, 큰 아들은 사사건건 자기에게 대든다는 것이었다.

자기는 이미 오래 전에 가출을 하여 가족과 별거 생활을 하고 있다고 했다.

"저는 전생에서 무엇인가 무거운 죄를 지은 것이 아닐까요? 원장님은 전생을 보실 수 있는 능력이 있으시니까 오늘은 제발 인천까지 함께 가서 저의 가족들을 영사하여 도대체 어떤 인연으로 가족이 된 것인지 그 사연을 제발 가르쳐 주십시오."
하고 그는 아주 심각한 표정으로 부탁했다.

그는 퍽 오래 전부터 부처님의 제자가 되었으며 또한 '캄프리'를 보급하여 중병을 앓고 있는 많은 사람들을 병고로부터 해방시켜 주는 것을 일생의 목적으로 삼고 있었다.

나는 그날 그로부터 자신의 과거에 대한 많은 이야기를 들었다. 두번째로 만나는 나를 마음으로부터 믿고 이렇듯 속사정 이야기를 해준 것이 나는 고마웠다.

요즘과 같이 너무나도 바쁜 상태라면 연구원을 비워 두고 마음대로 나다니는 것은 거의 불가능했다.

우리들 두 사람은 여러 가지 이야기를 나누면서 인천에 있는 그의 집을 찾아갔다. 집안에 한 걸음 발을 들여 놓는 순간 나는 이상하게 냉랭함을 느꼈다. 아버지가 또 다시 누군가 이상한 사람을 데려 왔구나 하는 아주 적대적인 느낌이었다.

방안에 들어서자, 그는 부인을 불러서 인사를 시켰다.

"처음 인사를 나누는 제가 이와 같은 이야기를 한다는 것은 매우 실례되는 일임을 잘 알고 있습니다만, 왜 남편은 남들에게는 친절하게 대하면서 자기의 피를 나눈 가족들을 냉대하는가 하고 불만스럽게 여기고 계신 것 같습니다. 또한 서명석씨는 나름대로 나는 집안 주인으로서 가족들의 생활을 전부 책임지고 있는데 어째서 적대시하는가 하고 이 역시 불만스럽게 여기고 계신 것 같습니다. 그래서 가족의 생계만은 준비를 해준 뒤에 입산수도 하실 결심을 하신 것 같습니다. 부인께서는 그 사실을 아시고 비관하여, 오늘밤 안에 자살을 해서 집을 버리고 떠나려는 남편을 만류할 결심을 하신게 아니신가요? 어떻습니까? 제가 투시한게 틀립니까?"

내가 이야기를 끝낸 순간 부인은 엉엉 울기 시작했다. 나의 예감이 딱 들어맞은 것이었다.

자살할 결심을 한 것은 이미 오래 전이었고, 마침내 오늘밤 결행할 결심을 했었노라고 이야기하면서 부인이 흐느껴 울었.

나는 집에서 전화를 받았을 때 느낀 불길한 예감을 무시하지 않고 인천까지 찾아오길 잘했다고 생각했다.

"제가 지난번에 선생님을 전생에서 소림사의 주지스님이었다고 말한 이유를 설명해 드리겠습니다. 선생은 전생에서는 형제가 많은 집안의 큰 아들로 태어나서 동생들의 생활을 돌봐주지 않으면 안되었습니다. 바로 밑의 동생이 어른이 되었으므로 중국에 불교를 전도하러 가려고 결심을 했던 것입니다. 그런데 동문수학(同門修學)한 스님중 한 분이 아직 앞으로 3년은 가족들의 생활을 보살펴 주지 않으면 안된다고 이야기를 했던 것입니다. 만일 그렇게 하지 않는다면 집을 떠난 뒤에 가정에 불행한 일이 생겨서 그 결과 3년의 3배인 9년 동안 허송세월을 보내게 되리라고 충고했던 것입니다. 그러나 달마대사는 그 충고를 받아들이지 않고 중국을 향해 출발했던 것입니다. 달마대사가 그뒤 면벽 9년(面壁九年)한 것은 남모르는 이런 일이 그 원인이 되었던 것입니다. 지금 선생의 가족들은 그 옛날 달마대사였던 시절의 형제들의 재생인 겁니다. 그런데 당신은 지금부터 3년 동안만 가족들을 도와주면 충분히 가족들이 자활할 수 있는 데도 또 다시 전생에서 했던 것처럼, 자기 자신의 수도를 위해 가족들을 버리려는 것입니다. 3년만 연기를 하고 가족들을 위하여 봉사를 하십시오. 불고가사(不顧家事)를 해서는 안됩니다. 자기의 식구들을 구할 수 없는 사람이 도대체 어떻게 중생들을 구할 수 있겠습니까? 물론 역사에 나타난 달마대사는 위대한 성인이었습니다. 이 세상에 불교의 가르침을 보급하는데 큰 공적을 쌓은 것은 사실입니다만, 지금 제가 이야기한 것과 같은 아무도 모르는 작은 허물이 있었기 때문에 그 잘못을 바로잡기 위하여, 이번 세상에서는 서명석씨로 다시 태어난 것이 아닌가 생각됩니다. 전생에서 달마대사에게 충고를 해준 동문수학한 스님이 어쩌면 저인지도 모릅니다."
하고 나는 타일렀다.

그는 나의 충고를 그대로 받아들여서 가족들을 버리고 입산 수도하는 것을 3년 뒤로 미루기로 부인과 약속했다.

부인은 눈물을 흘리면서 나에게 '고맙습니다'라고 몇 번이나 말하면서 이번에는 기쁨의 눈물을 흘렸다.
　부인이 방에서 나간 뒤,
　"사실은 오늘 집에서 쉬고 싶었는데 제가 여기 오지 않으면 누군가 한 사람이 죽게 되지 않나 하는 이상한 예감이 들었던 것이었어요."
하고 나는 여기까지 오게 된 동기를 털어 놓았다.
　"원장님이 일부러 인천까지 오셨으니까 또 한군데 찾아갈 데가 있습니다. 저의 큰 아들을 만나주세요, 부탁합니다."
　나는 쾌히 승낙하였다.
　잠시 뒤에 우리들은 그의 큰 아들이 살고 있는 집에 도착했다. 때마침 아들 내외는 집에 있었다.
　"애와는 도대체 전생에서 어떤 인연이 있었을까요?"
　나는 조용히 영사했다.
　"당신이 소림사의 주지스님으로 있던 어느 날, 절의 문 앞에서 숨을 거둔 나그네가 있었습니다. 그 나그네가 뒤에 남겨 놓고 간 아이를 당신이 기른 겁니다. 나중에 그 사내아이는 어른이 되어 주지스님의 제자가 되었는데, 그 제자가 이번에는 큰 아들로 태어난 것이 아닌가 생각되는군요."
　"그렇다면 전생에서는 저로부터 은혜를 입은 셈인데, 어째서 이렇게 나를 괴롭히는 불효자식이 된 것일까요?"
　"그건 은혜를 입었기에 당신의 마음을 아프게 해서 수도할 수 있는 인연을 만들어 준 것입니다. 어디서나 흔히 찾아볼 수 있는 가정에만 충실한, 지극히 평범한 가장으로서 일생을 끝냈을 것입니다. 또한 사람들로부터 '캄프리박사'라고 불리우게 되지도 않았을 것입니다. 당신이 보급한 캄프리 덕분에 많은 사람들이 병고에서 해방된게 아니었던가요?"

"과연 그렇군요. 잘 알았습니다. 덕분에 저의 가장 큰 의문이 하나 해결되었습니다."

그때 곁에서 말없이 이야기를 듣고 있던 그의 큰 아들이 나에게 호소했다. 갓난애에게 젖을 먹여야 하는데 자기 부인이 젖이 통 나오지 않는다는 것이었다.

한편 그의 아들은 평소에 남달리 얌전한데 술만 마시면 아주 난폭해져서 아내를 아무 이유없이 마구 때린다는 것이었다.

그 자리에서 나는 그의 아들에 대하여 자세히 영사해 보았다.

"실례지만 두 번 결혼했군요."

"그렇습니다."

"그리고 지금부터 10여년 전에 어떤 처녀의 정조를 빼앗아 버린 적이 있고, 그 때문에 처녀는 타락하여 화류계 여자가 되었고, 결국은 나쁜 성병에 걸려 죽어 간 것입니다. 그 처녀의 망령(亡靈)과 헤어진 전 부인의 생령(生靈)이 크게 원한을 갖고 당신에게 붙어 있습니다. 그래서 술만 마시면 제정신을 잃고 난폭해지는 것입니다."

그의 아들은 내 앞에 똑바로 앉아서 고개를 떨군채 머리만 끄덕일 뿐이었다.

"지금의 며느님은 당신의 아들과 결혼하게 된 것을 마음속으로 후회하고 있습니다. 또한 애를 낳은 것도 후회하고 있습니다. 마음이 이와 같이 움츠려 있기 때문에 당연한 결과로서 젖이 나오지 않는 것입니다. 남편과 아이에 대한 지금까지의 마음가짐을 바꾸어서 적극적으로 애정을 불러일으키도록 애쓰십시오. 그렇게 하면 젖이 나오게 될 것입니다."
하고 충고를 해 주었다.

　나중에 들은 바에 의하면 그때의 내 충고를 받아들인 뒤로는 모유(母乳)에 전혀 부족함을 느끼지 않게 되었다고 한다.

　한편, 그는 가족을 버리고 입산수도의 길로 들어가지 않았고, 그 뒤 3년의 세월이 지나는 동안 그의 신변은 점차적으로 정리되었다. 노처녀였던 둘째 딸은 좋은 상대를 만나서 결혼을 했고, 큰 딸은 어떤 여자고등학교의 영어선생님으로 취직이 되었다고 했다. 막내아들도 공무원으로 채용되었고, 언제나 말썽꾸러기였던 큰 아들도 마음을 바꾸어서 사우디아라비아로 일을 찾아 떠났다. 당사자인 그는 은행원으로 근무하면서 한편으로는 캄프리 보급에 더욱 정진했다.

　불교를 믿는 독자들 가운데에는, 달마대사와 같은 위대한 스님이 어째서 한낱 무명인(無名人)에 지나지 않는 그와 같은 사람으로서 거듭 태어날 수가 있겠느냐고 의문을 가질 사람도 꽤 많으리라고 생각되나, 이에 대한 나의 생각은 이렇다.

　아주 평범한 사람이 저지른 큰 잘못보다도 위대한 사람이 범한 작은 잘못이 더 비중이 크다는 것, 그러니까 그 사람이 위대한 존재이면 존재일수록, 다시 태어나서 그 잘못을 바로 잡음으로써, 그 인격이 완성되게 된다는 사실을 밝히면 충분하지 않을까 생각한다.

　또한 후세의 사람들은 과거에 위대했던 사람들에 대해서는 필요이상으로 미화시켜 신격화 하는 경향이 있게 마련이며, 달마대사의 경우도 예외는 아니라는 것이 나의 생각이다.

그와 우연히 만나게 되어서 누구보다도 친한 친구가 되었지만, 사실은 전생에서도 나는 그의 친구였고, 그 옛날 가족들을 앞으로 3년간 더 돌봐주라고 충고를 해준 것도 나였다.

그때의 충고는 받아들여지지 않았지만, 이번에는 내 의견을 순순히 받아들인 것을 고맙게 생각한다. 또한 그는 그 얼굴 모습도 달마대사와 아주 비슷했다.

이 이야기는 또 다른 후일담이 있다.

나와 알게 된지 4년 이상이 지나서 그의 가족들이 완전히 자립하게 된 뒤에 그는 어느날 갑자기 세상을 떠났다.

평소에 그는 앉아 있는 자세로 죽는게 소망이었는데, 의자에 앉은채 조용히 숨을 거두었다고 한다.

또한 그의 시체가 입관(入棺)된 뒤에 그때는 추운 겨울이었는데도 어디선지 커다란 나비가, 그것도 뚜렷한 태극무늬를 가진 나비가 날아와서 사흘 밤, 사흘 낮을 관에 붙어 머물러 있었다고 한다.

나도 문상을 간 자리에서 그 나비를 보았는데, 출관(出棺)함과 동시에 그 나비는 어디론지 날아가 버렸지만, 그가 결코 평범한 사람이 아니었음을 하늘이 표시한 증거가 아니었던가 생각한다.

무당의 전생은 개였다

나는 〈심령치료〉라는 책에서, 전생에 프랑스의 궁녀(宮女)였던 여인이 자기가 기르던 개와 정을 통하는 불륜한 생활을 했기 때문에, 그 뒤 재생될 때는 개로 태어났다는 이야기를 쓴 일이 있다.

이번에는 그 정반대의 경우에 해당되는 이야기를 소개코저 한다.

어느 해, 수원에 살고 있다는 한 중년 부인이 나를 찾아왔다.

첫눈에 초라한 차림의 몹시 지친 인상의 부인이었으나, 그 두 눈동자 만큼은 이상하게 보일 정도로 빛나고 있었다.

그녀를 본 순간, 나는 다음과 같이 질문을 했다.

"당신은 환자를 보고 약 처방을 내리는 특수한 능력을 가진 무당이로군요."

"네, 그렇습니다."

"죽을 운명을 가진 사람은 아무리 보아도 아무런 생각도 안 떠오릅니까?"

"말씀 그대로입니다."

"그리고 당신은 날이 갈수록 몸이 약해져 가고 있는데 그렇지 않습니까?"

"그것도 말씀한 그대로입니다. 원장 선생님이 이상한 신통력을 가지신 분이라는 소문을 듣고 찾아왔습니다."

내가 이 무당을 영사를 해 보았다. 그리하여 놀랄 만한 사실이 밝혀졌다.

지금부터 100년 전의 일이었다고 생각된다. 수리고을이라는 곳에 심중산(沈中山)이라는 유명한 한의사가 살고 있었다.

그의 한의원의 이름은 〈광제한의원(廣齊韓醫院)〉이라고 했다. 그는 1830년 2월 7일에 태어나서 1932년 4월 12일에 세상을 떠난 드물게 보는 장수를 누린 인물이었다.

이 한의사에게 동춘(童春)이라는 이름의 손자가 있었는데, 어느 해 봄 화재가 나서 방안에 있던 아이가 타 죽게 되었다.

부모들조차도 무서운 불길 속을 뚫고 들어가 아들을 건져낼 생각을 엄두도 내지 못하는데 이웃집에서 그리던 진도개 한 마리가 쏜살같이 불길 속을 뛰어 들어가 어린 아이를 입에 물고 나와 무사히 살려 냈다.

어린 아이의 목숨은 건졌지만, 개는 심한 화상을 입고 결국 죽고 말았다.

심중산은 죽은 개의 시체를 끌어안고 눈물을 흘리면서 이렇게 말했다.

"너는 비록 몸은 축생(畜生)이지만 그 마음은 군자(君子)가운데 군자이니라. 사람의 목숨을 건져 주고 대신 죽었으니 다음 세상에는 틀림없이 사람으로 태어날 것이다. 그때는 내가 이미 세상 사람이 아니겠지만 네가 인간으로 태어났을 때는 어떻게든 도와줄 생각이다."

심중산은 자기 아들에게 부탁해 작은 관을 만들게 해서 뒷동산의 양지 바른 곳을 골라 파고 죽은 개의 시체를 정중하게 묻었다.

사람의 목숨을 구해 준 개였지만, 그 마음은 훌륭한 사람과 같다고 생각한 그는 사람이 죽었을 때와 똑같이 관에 넣어서 매장하는 것이 인간으로 재생(再生)하는데 크게 도움이 되리라고 생각했기 때문이었다.

"그때에 어린 아이의 목숨을 살려 준 개가 다시 태어난 것이 현재의 당신같습니다. 약 처방을 낼 수 있는 것은 심중산씨의 영혼이 당신의 몸에 붙어 있기 때문에 가능한 것입니다. 그러니까 그분의 영혼을 떠나게 하면 당신이 지금 갖고 있는 특수한 능력은 없어질 것입니다."

"그것은 난처한데요."

"그러나 그 옛날, 같은 마을에 살고 있던 개들의 혼백이 많이 빙의되어 있는 것도 사실입니다. 인간으로 태어난 당신이 부러워서 붙게 된 것일 것입니다."

나는 빙의되어 있는 개들의 영혼만 제령(除靈)하여 돌려보냈다. 이 경우에는 심중산씨의 영혼이 붙어 있다는 사실을 알고 있으면서도 제령을 할 수 없었던 특수한 예이다.

'심은대로 거두리라'고 한 성전(聖典)의 말씀이 진리라는 것을 다시 한번 확인한 셈이다.

사내 아닌 사내 이야기

　요즘 젊은이들은 한참 사춘기에 너무 공부에 쫓기다 보니 남자라면 누구나 겪는 춘기발동기(春機發動機)를 겪지 않고 그대로 어른이 되는 경우가 꽤 많은 듯하다.
　신혼여행을 갔는데 신방을 치루지 못한 신부가 항의하여 곧바로 이혼을 하는 경우도 꽤 많은게 요즘의 현실이다.
　결혼하기 전에 꽤 오랫동안 교제를 했는데 너무 점잖아서 존경을 했었는데 알고보니 성불구자(性不具者)라고 색시의 기세는 너무나 당당했다.
　신랑 쪽에서는 이런 망신이 어디 있느냐고, 아들이 정상적인 사내 구실을 할 수 있게 해 달라고 나를 찾아왔다. 그러나 이것은 어려운 일이다.
　소년에서 청년이 될 때, 남자는 성적으로 성숙해지게 마련이고, 이때는 비정상적으로 성욕이 강해지는게 보통의 경우이다. 한참 나이에는 사전에서 성교라는 글씨만 눈에 띄어도 발기가 되기 마련이다. 아무리 노력을 해도 자위행위를 그만둘 수가 없었다는게 대부분의 내 나이 또래 사람들의 회고담이다. 그러나 요즘 젊은이들은 반드시 그렇지만도 않은 것 같다.

성(性)에 대한 지식의 홍수로 오히려 여성들은 옛날 사람들처럼 수치심을 느끼지 않게 된 반면에 남자들은 전혀 성욕이 없는 나약한 남성들이 기하급수적으로 늘어가고 있다.

나도 이런 고민을 가진 남성들을 여러 명 상담을 한 일이 있는데, 최근에 아주 특이한 경우를 경험했다.

어느 날, 서른 두어서넛 되어 보이는 키도 크고 건장한 체구를 가진 남자가 나를 찾아왔다. 아내하고 문제가 있어서 의논하러 왔노라고 말하면서 부인의 사진을 꺼내 놓았다.

"신혼여행 갔을 때 딱 한번 동침했을 뿐, 아내하고 동침하고 싶은 생각이 전혀 들지 않았습니다."

"전혀 발기가 되지 않습니까?"

"네"

"병원에는 가 보셨습니까?"

"병원에는 가보지 않았습니다. 왜냐하면 다른 젊은 여자들하고는 얼마든지 성욕도 느끼고 가능한데 아내하고만 불가능하니, 이것은 의학적인 문제는 아니라고 생각합니다."

"부인도 그런 사실을 알고 계신가요?"

"내색을 안하니까 알 수가 없지요."

"겉으로 보기에는 저하고의 결혼생활에 별 불만은 없는 것 같습니다."

"알겠어요. 그래 뭘 알고 싶은 것이죠?"

"저와 아내가 전생(前生)에서 어떤 관계였는지, 정말 전생이라는게 있는 것인지 알고 싶어서 찾아왔습니다."

하고 젊은이는 깊은 한숨을 쉬었다.
 "그런데 아내하고 함께 있으면 마음은 끝없이 편안합니다. 마치 친구와 같은 사이라고나 할까요. 아니 남동생과 같이 있는 것 같은 느낌이 듭니다. 하지만 이대로 가면 저도 외아들인데 절손하게 될 것이 너무도 뻔하니까, 이혼을 할까 생각을 하고 있습니다."
하는 그의 표정은 진지하기 그지 없었다. 나는 다시 한번 젊은이와 부인의 사진을 눈여겨 보았다.
 눈 앞에 짙은 안개가 끼는 듯 하더니 이들에게 있었던 전생의 일들이 소상하게 눈 앞에 떠올랐다.

 조선, 명종(明宗) 때가 아니었던가 생각된다.
 제천 고을에 한 명문대가 집이 있었다. 이댁 도령은 어려서부터 남달리 인물이 뛰어난 사람이었다.
 이 집안에 부리는 종의 딸인 언년이는 어려서 함께 놀기도 했던 도령이 이제는 함부로 말도 걸 수 없는 존재가 된게 못내 서러웠다.
 언년이로서는 주인댁 도령의 부인이나 된다든가 첩이 된다든가 하는 것은 꿈에도 생각할 수 없는 소망이었다[다음 세상이 있다면 남동생으로라도 태어나서 함께 살고 싶다]고 언년이는 늘 남몰래 생각을 했다.
 이것이 원인이 되어서 이들은 다음 세상에는 형제로 태어났다. 동생은 유난히 형을 따랐다. 장성한 뒤에도 동생의 형에 대한 사랑은 조금도 변하지 않았다.

본시 언년이었던 동성애(同性愛)와 같은 것이었다. 형의 근처에만 있어도 몸이 짜릿했고 마음은 행복했다. 이 때문에 그는 장가 갈 생각도 하지 않은채 지냈고, 형이 병으로 죽자, 시름시름 앓다가 1년도 지나지 않아서 세상을 떠났다. 그래서 이번에는 다시 여자가 되어서 결혼을 했고, 남편과 한 집안에서 사는 것만으로도 행복했다.

무슨 사정인지, 남편은 성불구자가 되었거니 생각을 하고, 아무에게도 그 사실을 이야기하지 않았다. 남편의 시중을 들고, 돌보고 할 수 있는 것만으로도 그녀는 행복했다.

나는 이런 이야기를 젊은이에게 들려 주고,

"무슨 일이 있어도 이혼을 해서는 안됩니다. 만일 이혼하겠다는 말을 하면 부인은 자살을 하고 말 것이니까요."

이렇게 당부를 했다.

"인간은 육체를 지닌채 거듭 태어나는 것입니다."

하고 설명을 했지만 젊은이는 얼른 믿어지지 않는 표정이었다.

그들 부부가 이혼을 하지 않기를 바라는 마음 간절하다. 내 이야기가 진실이라는 것을 믿어만 준다면 그 젊은이는 다시 나를 찾을 것으로 생각한다.

역시 사랑은 주고 받는 것, 한쪽에서만 사랑해서 결혼은 했지만, 비극은 면하기 어려운게 아닌가 생각한다.

시어머니가 남편이 된 경우

　사람은 모두 한번 이 세상에 태어났다가 죽으면 그만인 것 같지만 그렇지가 않다. 인간은 끝없이 되풀이해서 태어나는 것이고, 남자라고 해서 언제나 남자로 태어나는 것도 아니고, 여자라고 해서 늘 여자였던 것은 아닌게 엄연한 사실이라고 생각한다.
　내 경우만 해도 그렇다.
　나는 20대의 젊은 시절에는 몹시 여성적인 성격이었고 아주 소심한 사내였었다. 체격도 어깨가 좁고 엉덩이가 이상하리만큼 컸었다. 소변을 볼 때는 대부분의 경우, 서서 보는게 아니었고 여자들처럼 변기에 걸터앉아 보는게 편하곤 했었다.
　그러던 것이 40대에 접어들어서 체질개선이 되면서 어깨가 떡 벌어지게 되었고, 반대로 엉덩이는 작아졌다.
　전형적인 남자의 체격으로 변한 것이었다. 그와 동시에 성격에도 큰 변화가 일어나서 겁이 많고 소심하던 기질이 없어지고 모험을 즐기는 대담한 성격으로 변했다. 내가 생각해도 신기할 지경이었다.

몇 년전 미국에 갔을 때 일이다. LA에서 친구들와 밤거리를 거닐다가 권총강도를 만났는데 내가 그때 느낀 감정은〔아! 신났다. 고국에 돌아가서 좋은 이야기거리가 생겼구나!〕하는 것이었다. 하나도 겁이 나지 않았다.

나는 그때 권총강도를 맨주먹으로 때려눕힐 생각까지 했으나, 끝내 그 기회를 얻지는 못했다. 나중에 생각하니 소름이 오싹 끼쳤다. 하마터면 죽을뻔 했다는 느낌이 들었기 때문이다.

진정 용기가 있는 사람은 위험이 지난 뒤에 겁이 난다는 이야기가 나의 경우에 해당되는게 아닌가 생각된다. 객담은 이만 하고 본론으로 들어가자.

어떤 중년 부인이 나를 찾아와 최근에 갑자기 남편이 싫어져서 아무래도 이혼을 해야겠는데 애들을 생각하니 고민스럽다고 하소연을 했다.

남편이 남들처럼 바람을 피워서 정이 떨어진 것이 이유인줄 알았으나 그렇지 않다는 것이다. 누구보다도 곱살하고 자상하며 몹시 가정적인데, 그것이 남편으로서는 분명 좋은 점일텐데 자기는 반대라는 것이다.

남편이 좀 더 말이 없고 대범하다면 그런대로 참고 견디겠는데 요즘 와서 갑자기 남편의 자상한 성격 자체가 못견디게 싫어졌다는 것이었다.

아무리 생각해도 얼른 납득이 되지 않을뿐더러 주위에서도 호강에 겨워서 하는 투정이라고 자기 같은 불만 때문에 이혼을 한다면 이 세상에 이혼하지 않을 부부가 어디 있겠느냐고 하는게 주위의 친구들이 한결같이 하는 이야기라고 했다.

그래서 고민하던 끝에 아무래도 여기에는 전생에 무슨 깊은 사연이 있을 것 같아서 나를 찾아 왔노라고 했다.

조선 중기 때였다.

충청도 어느 시골에 2대 과부댁이 사는 집이 있었다.

시어머니도 며느리도 모두가 젊은 나이에 과수댁이 된 사람들이었다.

시어머니와 며느리는 사이가 좋지 않은 경우가 많은데 이들은 그렇지가 않았다.

그들은 서로 사랑했고, 급기야는 동성애의 경지에까지 이르게 되었다.

"내가 남자라면 얼마나 좋겠냐? 우리는 정답게 일생을 보낼 수도 있지 않겠냐? 다시 태어날 수만 있다면 나는 남자가 되어서 너를 만나 마음껏 사랑해 주겠다."
하고 시어머니는 늘 이야기를 하곤 했다.

그 말이 씨앗이 되어서 이번 생애에서 전생의 시어머니는 남자가 되어 태어나서 며느리였던 젊은 여성을 아내로 맞은 것이었다.

"댁의 남편은 꼭 까다로운 시어머니와 같은 행세를 하지 않습니까? 그래서 남편이 싫어진게 아니던가요?"
하고 나는 물었다.

내 이야기를 듣더니 젊은 새댁은 무릎을 쳤다. 내 이야기가 맞다고 했다.

그 뒤, 부인은 다시 나를 찾아오지 않았기에 그 결과는 알 수 없지만, 이런 비슷한 일들이 꽤 많을 것으로 생각된다.

선악으로 판달할 수 없는 남녀의 인연

　모든 생물들이 다 그렇지만 이 지구 위에 살고 있는 인간의 약 절반은 남자이고, 나머지 절반은 여자이다.
　이 남녀 사이에 벌어지는 일들이 행복도 만들고 불행도 낳게 한다. 지나온 역사를 훑어보면 크게는 남녀 사이에 일어난 사랑으로 해서 나라가 망한 경우도 있다.
　트로이와 희랍 연합국가들 사이의 10년에 걸친 트로이 전쟁은 트로이의 왕자였던 피라스가 스파르타의 왕이었던 메내라우스의 아내인 헬렌 왕비를 납치한 데에서 비롯된 전쟁이었다. 이 때문에 10년에 걸친 트로이 전쟁이 일어났고, 수많은 사람들이 죽었으며, 마침내는 트로이의 멸망으로서 종말을 고했던 것이다.
　옛날 중국 당나라의 현종(玄宗)이 양귀비 때문에 나라를 잃을 뻔했던 일은 모르는 사람이 없는 이야기이기도 하다. 가까이는 영국의 에드워드 황태자가 두번씩이나 이혼 경력이 있는 심프슨 부인과 결혼하기 위하여 왕관까지 버리지 않았던가?
　외관상으로 또 기능상으로 보아 여자는 비슷하게 마련인데 어째서 한 여자로 인해서 왕관을 버릴만한 정열을 불태우게 할 수 있는지, 제3자로서는 도저히 납득이 가지 않는 일이다.

그래서 남녀는 인연이 있어야 이루어진다는 이야기가 성립되는 것인지도 모른다. 어떻게 보면 인연이란, 시간을 초월해서 이어지는 것이라는 생각이 들기도 한다. 왜냐하면 몇 대에 걸쳐 이루지 못한 사랑의 감정이 인연이 되어 두 남녀를 맺게 해주는 일이 너무나도 허다하기 때문이다.

나는 그동안 수많은 사람들의 인생상담을 해 주면서 소설보다도 기구한 체험을 수 없이 한 바가 있었다. 이 일을 시작하기 전에는 나는 지극히 평범한 윤리관을 가졌었다. 허나 남녀 사이에 일어나는 일들은 상식적인 윤리관만 갖고는 근본적인 해결을 지을 수 없음을 깨닫게 된지 오래이다.

두 사람 사이에 발생한 사랑이 어디서부터 그 인연이 시작되었는지 조사하다 보니까 대개의 경우 세 번의 생애에 걸쳐 있음을 알게 되었다.

두 남녀가 사랑의 보금자리를 만들기까지 사람에 따라서는 몇 백년 아닌 몇 천년이 걸린다는 사실을 확인했을 때 인간에게 있어서 사랑의 감정처럼 집요하고 끈질긴 것이 다시 없음을 알게 되었다.

대부분의 인간들은 성년(成年)이 되면 결혼을 하게 된다. 지금은 동서양을 통해서, 결혼하면 일부일처제(一夫一妻制)로 정착이 되었다.

아직도 나라에 따라서 일부다처제(一夫多妻制)인 나라도 있고 여자가 귀한 나라에서는 형제들이 한 여자를 공동으로 데리고 사는 일처다부제(一妻多夫制)도 있다.

여기서 생각할 수 있는 것은 남녀 사이를 규정짓는 윤리관이란 무엇일까 하는 문제이다. 윤리란 결국 따지고 보면 그 시대의 사회가 정해 놓은 질서의식을 따르라는 생각이다. 조선시대는 일부다처제였으니까 한 남자가 아내 말고 첩을 거느리는 것이 결코 불륜에 속하는 일은 아니었다.

그러나 일부일처제가 된 오늘날에 와서는 남자가 아내 말고 다른 여자를 아내 취급한다는 것은 불륜으로 간주된다.

남녀간에 사랑이 식어지는 것은 양쪽에 똑같이 책임이 있는 어디까지나 개인문제에 속하는 것이고, 싫어진 아내와 또는 남편과 자녀들이라든가 그밖의 문제 때문에 헤어질 수 없는 상태에서 다른 이성과 사랑에 빠진다는 것은 행복을 추구하는게 본능으로 되어 있는 인간에게는 당연한 욕구가 아닌가 생각한다.

아내 또는 남편에게 우선, 성생활 말고는 배우자의 의무를 다하면서 배우자 모르게 다른 이성과 사랑을 주고받는다면 표면상으로는 없는 것이나 마찬가지니까 불륜의 범주에서 빠지는게 아닌가 하는 생각을 해 본다.

사회가 정한 혼인제도의 질서를 지키면서 은밀히 행해진 개인의 애정교환 행위는 공개적인 탈선과는 다르지 않나 하는 것이다.

자기의 배우자를 불행하게 만들지 않는다면 불륜으로 규정지을 것 까지는 없지 않을까.

기독교에서는 간음하는 마음만 가져도 간통한 것과 같다고 했는데, 인간에게 성인군자(聖人君子)가 되기를 바라는 것은 현실성이 없는 무리한 이야기라고 생각한다. 모두가 그런 성인

군자라면 인간으로 태어날 필요조차도 없는 일이라고 생각하기 때문이다.

  거의 모두가 불완전한 인격을 지닌 마음들이 육체를 갖고 사는게 이승이 아니겠는가? 그러기에 인간은 스스로 저지른 잘못을 속죄하기 위하여 몇 번이고 거듭 태어날 수 있는 기회가 주어지는게 아니겠는가?

  인간의 혼은 영생(永生)하는 존재이기에 시간은 얼마든지 있는게 아닌가. 그러니까 아내 또는 남편 아닌 다른 이성과 사랑을 하게 되어 공개되면 지금의 사회제도 아래에서는 분명히 불륜이지만, 이혼을 하고 재혼을 하게 되면 어제까지의 불륜관계는 당당한 부부관계로 변하게 마련이다.

  왜냐하면 사회의 질서를 지키게 되었기 때문이다. 그러나 아내 또는 남편이었던 사람을 불행하게 만들고 그 위에 세워진 행복이 과연 진정한 행복이 될 수 있을지 나는 의문스럽게 생각한다. 여기서 한 부부가 있다고 하자. 그들은 지난 오랜 세월에 걸쳐서 비교적 행복한 결혼생활을 해 왔는데 노년(老年)에 접어들면서 남편이 갑자기 성불능이 되었다. 동시에 아내도 성생활이 더 이상 필요 없다고 느끼게 되었다.

  이런 경우 이들 부부는 성생활을 할 수 있는 인연은 다 되었으되, 부부의 인연은 계속되는 경우라고 본다.

  이때 남편이 어떤 젊은 여자로부터 사랑을 받게 되어, 그 여성과는 성행위를 할 수 있게 되었으나, 그렇다고 아내에 대한 정신적인 애정이 식어지지 않아서 표면상으로는 그런 헤프닝이 없었던 것과 같은 생활을 계속할 수 있는 경우에도 남편이 불륜을 저지른 것인지 의문이 생기게 된다.

　남편은 젊은 여자와의 헤프닝에서 인생에 자신과 젊음을 되찾게 되고, 부인에게도 전보다 더 자상하게 되었다면 이 젊은 여성과의 헤프닝은 하나의 활력소가 된 것에 지나지 않는 것이다.

　나를 찾아오는 많은 손님들 가운데에는 실제로 이런 생활들을 하고 있는 이들이 많고, 현대인들도 반드시 일부일처제도를 지키고 있지 않음을 알게 되었다.

　이런 경우, 헤프닝의 상대가 된 젊은 여성들도 남자의 아내의 자리를 탐내지 않는다는 것이 공통점이다. 사회질서를 문란하게 하지 않는 이상, 두 남녀 사이에서 일어난 애정문제는 어디까지나 당사자들끼리 해결해야 할 개인문제에 지나지 않는다고 생각한다.

　첩, 또는 애인으로 있는 여자와 남자와의 관계를 알아보았더니 전생(前生)에는 본부인으로서 첩실(妾室)을 몹시 학대한 경우였다. 인과응보라고 나는 판단했다.

　이 부인의 혼의 진화를 위해서는 한번 첩의 입장이 되어 볼 필요가 있었기에 금생(今生)에서는 이런 인연이 생긴 것이라고 판단했다.

　남녀 사이의 인연은 길면 몇천년에 걸친 수많은 생애와 관련이 있어서 이루어지는 일임을 알게 될 때, 불과 백년도 살지 못하는 인간으로서, 이런 남녀 관계를 선악의 개념으로 규정지을 수는 없다.

　한마디로 남녀 관계는 선악을 초월한 것이기 때문이다.

어이없는 이야기

1

지금은 옛날과 비교하면 남녀 관계가 많이 자유스러워졌다고는 하나 기본적인 윤리관은 살아 있다고 나는 믿어 왔다.

남자가 두 아내를 거느린다던가 이와는 반대로 아내가 남편 말고도 애인이 있다던가 하는 현상은 우리 주위에서 얼마든지 찾아볼 수 있는 일이기는 하나 이런 사실은 의례이 베일 속에 가려져 있게 마련이고, 당사자들 조차도 떳떳한 일이라고는 생각하고 있지 않다.

꼬리가 길면 밟힌다는 옛 속담이 있듯이 불륜의 관계가 오래 계속되다 보면 대개 발각되기 마련이다. 타협을 하거나 이혼으로 치닫게 마련이다.

만일 어떤 유부녀가 남편 외의 남자와 10년에 걸쳐서 간통을 했고, 그 사실이 탄로 나자 이번에는 당당하게 그런 관계를 유지하겠다고 주장하고 나선다면 건전한 상식을 가진 사람이라면 누구나 아연실색할 것이다.

왜냐하면 아직도 우리 사회에는 남녀간에 대한 기본적인 윤리관이 살아 있기 때문이다.

그런데 세상에는 그렇지 않은 유부녀가 존재한다는 사실을 나는 최근에 경험했다.

2

지금으로부터 몇달 전 한참 무더위가 기승을 부리던 때였다. 얼른 보기에 40대 초반인 몹시 야한 차람의 중년 부인이 나를 찾아 왔다.

내가 쓴 《인과응보》라는 책을 최근에 읽었다면서 두 남자의 사진을 내 앞에 불쑥 내밀었다.

첫인상이 쌍둥이 같이 닮은 남자였다. 같은 영들이 둘로 갈라져서 태어난 경우라는 생각이 들었다.

지금은 비록 남이라도 전생(前生)에서는 쌍둥이로서 한 여인을 가운데 놓고 다툰 사이라는 느낌이 들었다.

나는 내가 느껴진 그대로 이야기하는 수 밖에 없었다.

그녀는 말없이 고개를 끄덕였다.

한참만에 입을 열었다.

"선생님이 보시기에 이 두사람이 닮은 꼴로 보이십니까?"

"그렇군요. 지금은 아니기 쉽지만 적어도 전생에는 쌍둥이로 태어나서 한 여인을 똑같이 사모한 사이가 아닌가 생각이 드는 군요."

"어떻게요."

"즉, 한 사람은 한 여인, 아마도 전생의 부인과 부부사이였고, 또 한 사람은 시동생으로서 남몰래 형수를 사랑했기에 일생을 독신으로 산 것 같군요."

"맞습니다. 이들 가운데 한 사람은 현재 저의 남편이고, 또 한 사람은 저와는 10년 동안 사랑해온 애인이랍니다."

하고 그녀는 얼굴을 똑바로 쳐들어 나를 보았다. 죄의식이 전혀 없는 너무나도 당당한 태도였다.

두 남자를 다 같이 사랑할 수 있는 권리가 자기에게 있다는 듯한 태도였다. 그러니까 나에게도 그 사실을 인정해 달라는 태도였다.

나는 너무나 어이가 없어 잠시 입이 떨어지지 않았다.

"그럼 남편도 이 사실을 알고 계신가요?"

한참만에 내가 물었다.

"전에는 몰랐지만 지금은 알고 있지요. 남편만이 아니라 시집 식구들이 모두 알고 있습니다."

"그럼 이혼 이야기가 나왔겠군요."

"아닙니다. 저에게는 중학교에 다니는 남매가 있습니다. 저는 남편과 이혼할 생각은 없습니다."

"그렇다면 애인과는 헤어지셨나요?"

"물론 탄로가 난 이상, 더 이상 교제를 할 수는 없다고 애인은 헤어지자고 하더군요. 하지만 저는 그를 놓아줄 수가 없습니다."

"두 남자를 다 데리고 살겠다는 말씀인가요."

"그렇습니다. 저는 두 남자와 함께 사는게 당연한 일이라고 생각됩니다. 지난 10년 동안도 그렇게 살아 왔는데 이제 와서 헤어질 수는 없는 일이죠."
 그녀는 다시 한번 내 얼굴을 똑바로 쳐다보았다. 아주 당당한 태도였다. 나는 한동안 말문이 막혀 아무런 말도 하지 못했다. 이런 경우는 처음 당해보는 일이었다.
 "그렇다면 어째서 저를 찾으신 거죠?"
 "글쎄 이 녀석이 나를 버리려고 하지 않겠습니까? 자기 가정도 깨지게 생겼으니 이번 기회에 관계를 청산하자는 겁니다. 그럴 수가 있습니까?"
하고 그녀는 입에 거품을 물며 그 기세가 자못 당당했다.
 "혹시 남편이 사내구실을 못합니까?"
 "그렇지는 않습니다. 오히려 남편이 저의 애인보다는 나을 정도입니다."
 "알겠어요."
 "선생님, 저를 도와주십시오. 여지껏 그랬던 것처럼 이 두 사람과 함께 살 수 있도록 도와주십시오."
하고 이번에는 사뭇 애원조였다.
 나는 정말 어이가 없었다.
 나의 신통력(神通力)이 그녀의 부정(不貞)한 생활이 계속되도록 도울 수는 없는 일이었다.
 나는 고요히 두 눈을 감고 방심상태(放心狀態)로 들어갔다.

3

 조선 중종때가 아니었던가 싶다.

보은 고을에 한 부인이 있었다. 그녀의 남편은 쌍둥이로 태어났다.
두 사람 가운데 형이 남편이었다. 쌍둥이 동생인 시동생은 첫눈에 형수에게 반하여, 영 다른 여자와 결혼할 생각이 없었다.
형수는 처음에는 몰랐으나, 10여년 동안 한 집에서 사는 동안 시동생이 결혼하지 않는 이유가 자기 때문이라는 사실을 알게 되었다.
형수의 마음은 괴로웠다. 얼굴은 똑같이 생겼으나 남편보다는 훨씬 곰살궂게 자기를 아껴주는 시동생을 어느덧 사랑하고 있는 자신을 발견하고 그저 괴롭기만 했다.
'사람이 다시 태어날 수만 있다면 다음 세상에는 도련님의 아낙이 되어 드리죠.'
하고 그녀는 생각했다.
한편 한양으로 돈 벌려고 떠난 남편은 끝내 돌아오지 않았다.
시동생은 이렇게 자기를 사랑하는데 정작 남편은 자기를 버리고 떠났다는게 그녀는 도저히 용서할 수가 없었다.
다음 세상에서라도 다시 만나기만 하면 반드시 자기를 버린 데 대한 앙갚음을 하고야 말리라, 속으로 벼르고 또 별렀다.

4

이 세상에서 일어나는 일은 무엇이나 원인이 있고서 결과가 생기는 법이다.
더욱이 남녀 관계란 전생에서부터 얽히고 설킨 인연으로 하여 빚어지는 일이라고 나는 믿는다.
 이 경우, 이 여인의 현재 남편은 전생에서의 시동생이 다시 태어난 경우라고 생각된다.
 만일 전생에서 그가 아내를 버리지 않고 그녀하고의 인연을 다했더라면 이번 생(生)에서 다시 만나는 일은 없었을 것으로 생각된다.
 내심 그녀는 애인을 사랑하고 있는게 아니라, 그를 파멸로 몰아가고 있는 것이라고 생각된다.
 전생에서 10년 더 함께 살았어야 했던 세월을 그녀는 은밀한 가운데 지냈지만, 백일하에 이 사실이 드러났는데도 이 부정(不貞)한 관계를 계속한다면 애인의 집안은 깨지고 말 것이 분명한 일이기 때문이다.
 "어떠한 경우에도 나를 버리지 않겠다고 했는데 비밀이 탄로나자 도망치려고만 하니, 만일 그이가 정말 나를 버린다면 내 손으로 죽이고 말겠어요."
라고 벼르는 모습은 사랑과는 거리가 먼 모습이었다.
 얼마 뒤, 그 여인은 남편을 대동하고 다시 나타났다.
 남편은 아내를 일종의 정신병자로 생각한다고 했다.
 그래서 모든 허물을 알지만 그녀와 이혼할 생각을 하지 않노라고 했다.
 그것이 겉으로 꾸며서 하는 이야기가 아니라 진심인 것이 분명했다.
 "당신은 왜 그 사람을 못만나게 하죠. 만나서 꼭 해야 할 이야기가 있어요."

"당신이 정 그렇다면 나하고 이혼한 뒤에 만나시오."
"이혼은 할 수 없어요. 어디 가서 당신과 같은 착한 사람을 만나겠어요."
"그러면 그 친구와 헤어져요!"
"그럴 수는 없어요!"
"안선생님 부끄럽습니다. 자기가 부정(不貞)을 저질러 놓고도 이렇게 당당하기만한 아내의 태도가 저는 영 이해가 되지 않습니다. 세상에 이렇게 뻔뻔스러운 여자가 어디 있습니까?" 하고 남편은 한숨을 쉬었다.

 나도 수많은 어려운 문제를 많이 해결했지만, 이 경우 만큼은 어쩔 수 없이 두 손을 들고 말았다.
 그들 부부는 다시는 나를 찾지 않았다.
 세상에 보기 드문 어이없는 일이 아닌가 생각한다.
 남녀 사이에서 일어나는 일은 그 모두가 하나도 예외없이 시간을 넘어선 깊은 인연에서 빚어지는 일이기 때문에 단순한 선악관(善惡觀)으로만 다스릴 수는 없는게 아닌가 생각한다.
 그 부인도 자기의 심정을 이성(異性)으로서는 납득하기 어렵다고 했으니 말이다.

남이장군 이야기

하루는 중년이 넘은 부부가 나를 찾아 왔다.
남편이 먼저 들어와서 이런 이야기를 했다. 아내에게 신이 내렸는데 그 신께서 남편과 헤어지라고 했다며 완강하게 이혼해 줄 것을 요구하는데 어떻게 했으면 좋을지 도와 달라는 이야기였다.
그래서 나는 부인을 데리고 들어오라고 했다. 남편은 키가 자그마하고 곱살하게 생긴데 비하여 부인은 체격이 거대하고 선머슴 같은 인상을 주는 여성이었다. 남편은 45세, 부인은 39세라고 했다.
부인은 잔뜩 찌푸린 얼굴로 내 앞에 앉았다. 나는 마음을 텅 비우고 이들을 바라다보았다.
"남이장군의 영이 들어와 있군요."
"네."
하고 부인은 대답했다.
그 순간, 그 부인은 전생(前生)에 남이장군을 낳아 준 생모(生母)라는 생각이 들었다.

남이장군은 〈남아가 나이 20에 천하를 평정하지 못하면 어찌 대장부라고 할 것이냐〉하는 시(詩)를 썼다가 평(平)자를 득(得)자로 바꾸어 참소하는 바람에 역적으로 몰려서 젊은 나이에 한을 품고 죽은 사람이다. 그런데 남편은 전생에 남이장군을 모함한 바로 그 당사자라는 생각이 들었다.

남이장군의 생모로서 죽었든 살아 있었든 간에 원통하기 그지없는 일이 아닐 수 없었다. 다음 세상에서라도 반드시 원수를 갚으리라고 맹세했다.

죄없는 사람을 모함한다는 것은 마땅히 남자로서 할 수 없는 일이기에. 남이장군을 모함했던 사나이는 다음 세상에는 여자가 되어서 태어났다.

귀한 집에 시집을 가서 아들 하나를 얻은 뒤, 일찍 남편은 세상을 떠났다. 그 시대의 여인들이 다 그러했듯이 그녀는 수절을 해야만 했고, 아들이 장성하자 며느리를 맞이했다.

그런데 그 며느리가 바로 남이장군의 생모로 다시 태어난 여인이었다. 며느리는 너무나도 색(色)을 밝히는 여인이었다. 게다가 남편은 허약한 체질이었다.

결국 남편은 결핵을 앓게 되어 일찍 세상을 떠났다. 부인은 몰랐지만 전생의 복수는 이루어진 셈이었다. 자기의 아들을 모함한 사람이 여인으로 거듭 태어난 집의 며느리로 돌아가서 절손을 시켰으니 복수는 이루어진 셈이었다.

젊은 새댁은 남편이 죽었다고 그다지 슬프지 않았다. 왜 그런지 홀가분해진 느낌이었다. 일찍 과수댁이 되어서 홀로 늙어가는 며느리를 시어머니는 불쌍하게 여겼고, 그들은 어느덧 동성애를 즐기는 사이가 되었다.
"다음 세상에는 내가 남자로 태어나서 너의 지아비가 되어주리라."
고 시어머니는 입버릇처럼 말을 하곤 했다. 이것이 원인이 되어서 그들은 다시 태어났고, 이번에는 남편과 아내가 된 것이었다.

한편, 그동안 남이장군은 구천(九天)을 헤매는 고혼(孤魂)이 되어서 많은 무당들에게 부림을 받는 신장(神將) 노릇을 해야만 했다. 오랜 세월이 흐른 뒤, 남이장군의 혼은 마침내 자기를 낳아준 어머니가 다시 태어난 여인을 만났다. 그는 그 여인에게 빙의되었다.

여인은 이미 불임수술을 받은 몸이라, 남이장군의 넋을 다시 태어나게 해줄 수는 없었다. 여기까지 이야기했을 때였다.

부인은 흐느껴 울면서 이야기를 시작했다.
"저는 처음부터 이 사람을 좋아하지 않았습니다. 신방을 치루던 날 밤, 몸이 갈기갈기 찢겨지는 듯한 고통을 당했지요. 그 뒤로는 이 사람과 관계할 때는 항상 고통이 따랐습니다. 그러나 남의 집에 시집 왔으니 자손을 남겨 주어야겠다고 생각을 해서 자식을 셋이나 낳았습니다. 하지만 이제는 더 이상 살 수가 없습니다."
하고 부인은 흐느껴 울었다. 한이 맺힌 울음이었다. 나는 한동안 그녀를 말없이 지켜보는 수 밖에 없었다.

"남이장군의 영혼이 들어왔기 때문입니까?"
부인은 고개를 끄덕였다.
자기를 모함한 사람이니 더 이상 그와 살아서는 안된다는 것이었다.

"아내에게는 애인도 있습니다. 하지만 애들을 생각해서 저는 용서했습니다."

하고 남편은 침통한 어조로 말했다.

"당신은 나를 용서해 줄 필요도 없습니다. 나를 이대로 보내주기만 하면 되는 것입니다."

하고 부인은 또 다시 흐느껴 울었다. 부인의 울음은 거의 한시간이나 계속되었다.

한참만에 내가 입을 열었다.

"부인의 애인은 어떤 사람인가요? 독신인가요?"

"아닙니다. 운전수인데 유부남입니다."

하고 남편은 침통하게 말했다.

"그렇다면 두 집이 깨어지는 것이로군요. 그 사람도 부인과 맺어지려면 이혼을 해야 할게 아닙니까?"

부인은 고개를 저었다.

"제가 그 사람과 결혼하고 안하고는 중요하지 않아요. 보내주기만 하면 되는 거예요."

남편은 난감한 표정이었다.

"두 분은 이제 전생의 사연을 알았습니다. 어쨌든 복수는 끝난 것입니다. 남은 문제는 남이장군의 넋을 어떻게 하느냐 하는 것이죠. 그 일만은 해야 될 것으로 생각합니다. 그 뒤 이혼하고 안하고는 두 분이 결정할 문제죠."

하고 나는 설명을 했다.

"저는 지금 당장 헤어지고 싶습니다."

하고 부인은 또 다시 울음을 터뜨렸다.
　나는 부인의 얼굴을 물끄러미 지켜 보았다.
　"부인이 남이장군의 넋을 갈 곳으로 보내지 않고 이혼을 하면 앞으로 3년을 살기가 어렵습니다."
　"3년 밖에 살지 못하더라도 저는 이이 곁을 떠나고 싶습니다."
　남편은 어두운 표정으로 지켜볼 뿐 아무런 말이 없었다.
　"부인은 전생(前生)에 남이장군의 어머니였습니다. 남이장군을 모함한 사람에 대한 복수는 이미 끝났습니다. 이제는 용서할 때가 온 것입니다. 그리고 무엇보다도 중요한 것은 남이장군의 넋을 댁의 집안의 자손으로 태어나게 해서 21세기에 큰 일을 할 수 있게 하는 것이죠. 그러니까 남이장군의 넋을 천도시켜 주어야 합니다."
하고 나는 간곡하게 타이르는 수 밖에 없었다.
　"돈을 가져온 게 없어서 당장 회원이 되기는 어렵군요."
하고 남편은 이야기했다.
　"아니예요. 내가 돈이 있어요. 온 김에 회원이 돼요. 우리는 별거중이니까 테잎을 두개 구하면 되지 않아요."
하고 부인은 차분히 가라앉은 목소리로 말했다.
　남편은 회비를 지불하는 부인 곁에 선채 나에게 씽끗 윙크를 해보였다.
　이들은 이로써 재출발(再出發)을 할 수 있게 되는게 아닌가 하는 생각이 든다. 나로서는 그렇게 되어 이들이 몇백년에 걸친 한을 풀고 즐거운 여생을 보내기를 바랄 따름이다.

어느 선장의 이야기

13년째 외항선을 타고 있는 어떤 중년신사가 나를 찾아왔다.
부인이 애인이 생겼다고 고백하면서 헤어지자고 해서 난처해진 그는 배에서 내리기로 했다고 했다.
무엇 때문에 자기에게 이런 일이 일어나게 된 것인지, 부인하고의 전생 인연을 알고 싶다는 것이었다.
13년씩이나 오랜 기간 동안 집을 비우고 다녔으니, 젊은 부인에게 애인이 생겼다는 것은 얼마든지 있을 수 있는 일이지만, 그는 그런 사실을 선뜻 받아들일 수 없는 눈치였다.
필경 자기네의 전생에 무슨 원인이 있는지 알아보고 싶다고 했다.
가만히 살펴보니 아주 성실한 인상을 주는 사람이었다.
나는 그를 앞에 앉혀 놓고 공심상태로 들어갔다.
이윽고 다음과 같은 장면이 보였다.

홍수가 나서 큰 개울에 탁류가 흐르는데 한 젊은 처녀가 떠내려 가고 있었다. 길 가던 괴나리 봇짐을 한 젊은이가 그 자리에서 짐을 팽개치고 물 속에 뛰어 들어서 처녀를 들쳐업고 기슭으로 헤엄쳐 올라 왔다.

　젊은이는 산 언덕 위에 처녀를 내려놓고 다시 괴나리 봇짐을 지고 총총이 길을 떠났다.

　다음은 바다 위에서 짙은 안개로 말미암아 좌초된 배가 침몰하는 장면이 보였다. 선원들을 모두 구명 보오트에 옮겨 타게 하고, 선장은 배와 더불어 침몰하는 장면이었다.

　괴나리 봇짐을 진 젊은이와 침몰하는 배와 운명을 같이 한 선장은 같은 인물인게 분명했다.

　나는 다시 제정신으로 돌아왔다.

　"당신은 이대로 계속해서 배를 탄다면 앞으로 석달 안에 큰 해난사고로 바다에서 죽을 운명입니다. 그래서 부인의 보호령이 작용해서 부인에게 사고를 일으킴으로써 당신을 해상근무에서 해방시켜 준 것입니다."

하고 나는 자신있게 말했다.

　"그래요, 그게 사실일까요?"

하고 선장은 몹시 놀라는 눈치였다.

　"전생에서 길 가던 한 선비가 홍수에 떠내려가는 처녀를 물에서 건져 준 일이 있습니다. 선비는 무과(武科)에 응시하기 위해 서울로 가던 나그네였는데 그게 바로 당신의 전생입니다. 전생에서 목숨을 건져 주었기에 이번에 부인이 사고를 일으켜서 당신이 바다에서 죽을 것을 건져 준 것이지요."

하고 나는 설명을 해주었다.

　"그래 부인의 애인이라는 사람을 만나 보았습니까?"

"네."
"유부남이던가요?"
"그렇습니다."
"그래, 뭐라고 하던가요?"
"내가 미쳤느냐고 유부녀와 결혼할 수는 없다고 하더군요. 한때의 불장난 상대였던게 분명합니다만, 아내는 그를 잊지 못하는 모양입니다."
하고 선장은 깊은 한숨을 쉬었다. 그는 그날 그대로 돌아갔고, 다음날 다시 찾아왔다.
"며칠 안가서 부인도 여기 찾아올 인연이 있군요."
하고 말했다.
"아내가 안선생님을 찾아올 것 같지는 않아요."
하고 선장이 말했다.

그로부터 2주일이 지난 뒤였다. 그 선장이 부인과 함께 나를 찾아왔다. 나는 부인을 앞에 놓고 지난 번 선장에게 들려주었던 똑같은 이야기를 되풀이 하여 들려 주었다.
"13년 동안이나 가정을 지켜 온 부인은 정숙한 분입니다. 이번 일은 남편을 배에서 내리게 하기 위하여 부인의 보호령이 시켜서 저지른 사고였던 것이지요."
하고 나는 말했다.
"선장은 해난사고로 죽을 운명이었지만 부인이 과부가 될 팔자가 아니었기에 또 애들이 일찍 아버지를 잃을 팔자가 아니었기에 이런 일이 일어난 것입니다."
하고 나는 한 가족들의 운명은 서로 얽혀 있어서 죽고 사는 문제에 큰 영향을 준다는 이야기를 해주었다.

그들 부부는 그날 아주 명랑한 표정으로 돌아갔다.

그들이 파탄을 맞는 일이 없이 행복한 여생을 보내기를 바라는 마음 간절하다.

인과법(因果法)이 천지를 지배하는 우주법칙임을 다시 한번 나에게 일깨워 준 사건이었다고 생각된다.

영능자 A씨의 영시(靈視)에 떠오른 고민하는 유체(幽體) 모습

별나라에서 온 사람들

 겉으로 보기에는 똑같은 인간이지만 영혼의 본질을 놓고 보면 모두가 근원적으로 똑같은 인간은 아니라고 생각한다.
 다시 말하면 동물의 혼이 진화되어서 인간이 되는 경우도 있으니, 개가 주인의 목숨을 건지기 위하여 죽은 경우와 같은 예를 들 수 있다.
 인간이 다른 인간의 목숨을 건져도 고귀한 행위인데 하물며 하나의 축생에 지나지 않는 개가 불속에 타 죽게 된 주인집 아기를 구해내고 자신은 스스로 중화상을 입고 죽는다면 이 개의 혼은 인간으로 환생(還生)할 수 있는 자격이 충분히 있는 것이다.
 내가 경험한 바에 의하면 식물계(植物系)를 지배하는 꽃의 정령(精靈)이 인간 여성으로 환생한 경우를 본 일이 있고, 저 승사자가 인간세상에 나들이 온다던가 하는 예도 경험한 바가 있다.
 우리네 인간들은 지구에만 인간과 같은 지성생명체가 살고 있는 것이라고 모두가 믿고 있지만, 꼭 그런 것만은 아니다.
 저 하늘에 빛나는 수많은 별 가운데에는 우주인들이 살고 있는 곳이 많으며, 그들은 육체를 가진채 직접 지구에 오는 일도 많겠지만, 그 보다는 혼만이 일종의 테레포테이션[상념이동]을 하여 지구의 유명계의 입국허가를 받고 인간으로 태어나는 경우도 꽤 많다.

요즘 나를 찾아오는 수많은 사람들 가운데 가끔 그런 우주인이 지구인으로 환생된 예를 많이 보아왔기 때문이다. 이들의 공통된 특징은 모두가 실제 나이보다는 훨씬 젊어 보인다는 점이었고 거의 모두가 일종의 영능력, 내지는 초능력의 소유자라는 점이다.

또한 그들은 한결같이 심한 고독감을 느끼는 사람들이었고, 자기가 무엇인지 사명감을 갖고 태어났다는 강한 느낌들을 갖고 있었다.

보통 사람들은 죽으면 혼은 육체에서 빠져나와 유명계(幽明界)로 가게 마련이지만 이들의 경우는 그렇지 않고, 떠나온 별에 마련되어 있는 육체안치소에 잠을 깨는 형식으로 의식을 되찾게 되는 듯하다.

자기가 지구에서 보고 겪은 일들을 보고하고, 사명이 끝나지 않았을 때는 몇 번이고 다시 잠들어서 지구의 유명계로 상념이동(想念移動)을 하여 지구인의 몸을 갖고 태어나곤 하는 것이다.

이 우주에는 불간섭이라는 법칙이 있기 때문에 지구인에 대하여 연구하려면 지구인으로 환생할 수 밖에 없는게 아닌가 생각된다.

바로 며칠 전, 안타레스에서 온 두 남녀가 나를 찾아왔다. 이들은 얼른 보기에 다같이 나이보다는 훨씬 젊어 보이는 인상을 주는 남녀였다.
 그들은 부부였고 결혼생활 10년에 아직 슬하에는 자식이 없다고 했다. 그리고 이들 부부는 미혼이던 시절, 두 사람이 다같이 자기에게서는 자식이 태어나지 않을 것 같다는 강한 느낌을 가졌었다고 한다.
 이들을 영사해 보니 안타레스에서 약혼한 사이였으나, 지구인으로 환생할 때 다같이 남자로서 태어났고, 남편은 노스트라다무스의 아들 세자르였던 적이 있었으며, 부인은 다른 나라에 남자로서 태어났는데, 그뒤 한번 본국으로 돌아갔다가 다시 지구인으로 환생했는데 그때는 한국의 범어사 스님이었음이 밝혀졌다.
 이들은 동성애자들이었다. 그래서 이번에는 본래의 모습이 남녀가 되어 환생을 해서 부부가 된 것임이 확인되었다.
 "두 분이 아기를 낳으면 그 인연으로 해서 고향은 별나라로 돌아갈 수가 없고, 아주 지구인이 될 가능성이 많습니다."
하고 나는 설명해주었다.
 이 말에 부부는 한결같이 자기네는 아기를 가질 필요성을 느끼지 않는다고 했다. 주변의 환경이 항상 낯설게 느껴지고 낯선 타향에 와서 사는 것 같은 느낌을 가졌던 것이 얼른 납득이 된다고 했다.
 "이번에 죽으면 고향의 별나라에 돌아가서 지구인의 생태에 대한 논문을 써서 박사가 되어야지요."
하고 말해 나는 웃었다.
 그들도 수긍이 된다는 표정으로 맑은 웃음을 지어 보였다.

장님소녀의 기적

　나이가 불과 다섯 살 밖에 되지 않은 귀여운 소녀가 악성인 녹내장(綠內障)에 걸려서 장님이 되기 직전에 나를 찾아 왔다.
　"병원에서는 뭐라고 진단을 내렸습니까?"
　"수술을 해봐도 결국은 실명할 가능성이 많다고 하면서 병원에서는 수술하기를 주저했어요."
　"유명한 안과 의사들을 모두 찾아가 보았습니다만, 어디서나 똑같은 진단을 내리는 겁니다."
　"그렇습니까."
하고 말하면서 소녀의 얼굴을 자세히 관찰해 보았더니 이상하게도 어린 소녀의 얼굴이 노인의 얼굴로 변해 보였다.
　내 눈초리가 눈부신 듯 소녀는 곧 옆으로 시선을 피하는 것도 이상한 일이 아닐 수 없었다.
　"이 아이의 할아버지의 형제들 가운데 말년에 장님이 된 것을 비관하여 자살한 분이 계셨습니까?"
　"네 그와 같은 할아버지가 분명히 계신 것으로 알고 있습니다. 장님이 된 것을 비관하여 목을 메어 자살했다는 이야기를 들은 일이 있습니다."
하고 소녀의 어머니는 조금도 주저하지 않고 말했다.
 "그 할아버지의 영혼이 따님에게 붙어서 생긴 병입니다."
하고 나는 죽은 사람의 영혼이 빙의되는 현상에 대하여 간단하게 설명해 주었다. 그리고 어린 소녀의 두 어깨를 꽉 붙잡고 그 얼굴을 뚫어지게 지켜보면서 다음과 같이 말했다.
 "할아버지, 이런 어린 아이의 몸에 붙어서 도대체 어떻게 할 생각입니까? 할아버지는 이미 인명재천(人命在天)이라는 우주의 법칙을 깨고 자살한 것만도 커다란 죄를 저지른 셈인데, 이처럼 어린 아이의 목숨까지 희생을 시킨다면 장차 그 죄에 대한 벌을 어떻게 받을 생각입니까?"
하고 진지하게 이야기했다.
 그 순간이었다. 어린 소녀는 매우 난처한 표정을 지으면서 고개를 수그렸다.
 그 표정은 누가 보아도 소녀의 얼굴은 아니었다. 바로 노인의 당황한 얼굴이었다.
 "할아버지는 지금은 육체를 버린 영혼뿐인 존재입니다. 따라서 할아버지는 장님은 아닙니다. 할아버지 자신이 아직도 살아 있는 것같이 착각을 일으켜 눈이 보이지 않는다고 생각하는 것은 큰 잘못입니다. 아셨습니까?"
 그 뒤 어린이의 어머니를 통해 대리제령(代理除靈)을 해 주었다.
 소녀가 너무나도 어리기 때문에 그 어머니에게 한번 할아버지의 영혼을 붙게 한 뒤에 떠나가게 했던 것이다.

"따님의 몸에서 할아버지의 영혼이 떠나서 어머니의 몸에 붙게 되면 이 아이는 곤하게 잠이 들게 될 것입니다."
하고 내가 미리 말한 그대로 대리제령을 시작함과 동시에 어린 소녀는 아버지의 무릎에서 곤히 잠들어 버렸다.

"제령이 성공했으니까 며칠이 지난 뒤에 또 다시 병원에 데리고 가십시오. 이번에는 의사가 수술을 해주실 겁니다. 할아버지의 영혼이 떠났기 때문에 따님의 몸속에서 나쁜 가스의 이상발생(異常發生)이 없어졌기 때문입니다. 몸의 여러 기관에서 발생하는 나쁜 가스가 두 눈을 통하여 밖으로 나가게 되어 있는데, 그런 가스가 너무 많이 나오게 되면 백내장(白內障)이라든가 녹내장 같은 눈병이 생기는 겁니다."

이와같이 설명을 해주었지만, 부모들은 믿기 어렵다는 표정이었다.

그로부터 6개월 가량 지난 뒤였다.

소녀의 부모가 또 다시 나를 찾아왔다.

내가 가르쳐 준대로 대리제령을 한 뒤 며칠이 지나서 병원에 아이를 데리고 갔는데, 전과는 달리 수술을 받으면 좋아질 가능성이 많다고 하며, 실제로 수술받은 결과가 매우 좋아서 지금은 완쾌되었다는 것이었다.

"수술비도 조금밖에 들지 않았습니다. 그래서 별 이상한 일도 다 있구나 생각했었는데, 나중에 알고 보니까 이런 경우는 보통 두세번 재수술을 받아야 하는게 통례이기 때문에 그런 경우를 생각해서 일부러 비용을 적게 받았다는 이야기였습니다. 그런데 재수술을 받지 않고 완쾌되었으니 기적이라고 집도하신 선생님도 굉장히 기뻐하셨습니다."
하고 소녀의 어머니는 명랑하게 웃었다.
"죽은 사람의 영혼이 살아 있는 사람에게 붙는다는 사실을 지금은 믿으십니까?"
"네, 믿습니다."
그 소녀의 경우는 심령치료가 현대의학과 서로 협력하여 아주 좋은 결과를 얻은 예가 아닌가 생각된다.

완쾌된 백혈병 환자

몇년 전 있었던 일이다.

저녁때가 되어 외출을 하려던 순간이었다. 아무런 예고도 없이 춘천에서 왔다는 처음 보는 젊은이가 나를 찾아 왔다.

약혼자가 원인불명의 고열이 나서 몇 달동안 앓고 있는데 병원의사의 말로는 아무래도 백혈병 같으니까 서울의 큰 종합병원에 입원시키는게 좋겠다고 해서 데려 왔는데, 때마침 그날이 토요일이어서 병원에 입원시키는게 불가능해졌다는 이야기였다.

월요일까지 하는 수 없이 기다려야 되는데 자기네들 처지가 그때까지 기다릴 수가 없어서 나를 찾아 왔노라고 했다.

이야기를 들어보니 동정하지 않을 수 없는 그런 입장이었다.

하는 수 없이 나는 외출하려던 계획을 취소하고, 환자가 잠시 입원해 있다는 병원 근처에 있는 A한의원으로 갔다. 막상 만나보니 환자의 몸은 굉장히 허약해 있었고, 이대로 며칠동안 무엇인가 특별한 방법을 쓰지 않는다면 목숨을 구하는 것이 어려운 상태였다.

우선 급한대로 영사를 해보니까, 빙의령에 의한 급병(急病)

이라는 판단이 나왔다.

"당신은 병원에서 일하고 있는 간호원이죠?"

"네, 그렇습니다."

"지금부터 약 반년 전에 죽은 백혈병 환자를 간병해 준 적이 있습니까?"

"네, 그런 일이 있었습니다. 그러지 않아도 요즘에는 그 환자의 모습이 자꾸만 눈앞에 보이곤 합니다."

"그 사람의 영혼이 당신을 의지해서 몸에 들어와 있군요."

나는 그 자리에서 체질개선 시술을 했다. 시술이 끝난 뒤에 체온을 재어 보니 정상이었다.

"머리 속이 이상하리만큼 맑아진 기분입니다. 이제는 아무데도 아프지가 않습니다."

"어쨌든 내일 아침, 아침밥을 먹지 말고 저의 연구원으로 찾아오세요. 당신의 경우는 곧 제령을 하지 않으면 안됩니다."

그런데 그날 저녁, 갑자기 내 자신의 몸에 이상이 생긴 것이었다. 까닭도 없이 높은 신열(身熱)이 나며, 구역질이 나고 눈앞이 어지러운 것은 평소부터 잘 알고 있던 백혈병 증상 그대로였다.

먼저 시술을 하고, 제령을 한 것이 잘못이었구나 후회했을 때는 이미 때는 늦었다.

남의 백혈병을 고쳐 주고, 대신 내가 죽을 병에 걸린 것이었다. '옴 진동수'를 스스로 만들어서 몸안에 축적되어 있는 나쁜 가스를 내보내려고 애써 보았지만 평소와 같은 정확한 '옴 진동음'이 나오지 않는 것이었다.

그동안 여러 해에 걸쳐서 수천명의 난치병 환자들의 목숨을 건져 준 것이 모두 거짓말 같은 느낌이었다.

반드시 죽게 되어 있는 환자를 일정한 수속도 밟지 않고 고쳐주었기 때문에 그 환자대신 내 자신이 죽게 되었구나 하는 것을 깨닫게 됨과 동시에 아침에 내가 봐준 환자는 틀림없이 완쾌했구나 하는 것을 알 수 있었다.

이와 같이 복잡한 감회에 사로잡혀 있을 때였다.

"당신, '옴 진동음'이 들어 있는 테이프로 직접 시술을 해보는 게 어떻겠어요."

하고 아내가 말했다.

그 말을 듣는 순간, 번개처럼 떠오른 생각이 있었다.

대야에 물을 하나 가득 떠오르게 한 뒤에 녹음기를 써서 '옴 진동음'을 쪼이게 했다. 그리고는 타올을 '옴 진동수'에 담가서 적신 뒤에 내 이마 위에 올려 놓고 아내를 시켜서 타올 위로 '옴 진동음'을 쏘이게 했다.

한결 기분이 좋아진 것 같았다. 그러자 또 아내가 말했다.

"당신 사진에다 '옴 진동음'을 쪼이는게 어떻겠어요?"

나는 내 사진을 가져 오게 하여 '옴 진동음'을 쪼이게 했다. 아내가 녹음기의 단추를 누른 순간이었다. 나는 갑자기 온 몸이 끝없는 어둠속으로 끌려 들어가는 것과 같은 이상한 기분을 느꼈다.

기절하기 직전의 기분이 이런게 아닌가 생각되었다.

다음 순간, 이마를 만져 보니 평소의 체온으로 돌아와 있었다. 머리 속도 개운해진 느낌이었다.

"당신 덕분에 큰 발견을 한 셈이구려. '옴 진동' 테이프로 '옴 진동수'를 만들 수 있을 뿐만 아니라 사진을 써서 제령도 할 수 있는게 분명해진 것 같소."

이어서 몸의 급소라고 생각되는 경혈(經穴)과 각 경락(經絡)에 같은 방법으로 시술을 했는데 곧 효과가 나타났다.

그로부터 몇 달이 지난 뒤, 그들 두 젊은이가 결혼했다는 소식을 들었다.

신부의 백혈병이 완쾌되었다는 것이었다.

이 체험으로 해서 나는 하나의 커다란 교훈을 얻은 셈이었다. 아무리 급한 환자라고 해도 '옴 진동수'를 우선 일정한 기간 마시게 하지 않으면 안된다는 것, 또한 '옴 진동'테이프가 지니고 있는 그때까지 몰랐던 새로운 효능을 알려준 점에서 그 환자를 완쾌시킨 경험은 오랫동안 잊을 수가 없었다.

죽은 뒤에 만난 사람

아주 오래 전부터 그러니까 30여 년이 넘는 게 아닌가 생각된다. 나는 매일 아침 하루도 거르지 않고 냉온욕(冷溫浴)을 하는 습관을 지니고 있다.

물론 자택에서 냉온욕을 하는게 아니라, 집에서 가까운 곳에 있는 대중탕에 가서 냉온욕을 하는 것이다.

냉온욕을 한 뒤에 가벼운 요가 체조를 한다. 요즘은 일반 대중탕에도 거의 설비되어 있는 사우나 속에 들어가서 세계평화의 기도를 올린다.

물론 마음속에서 하는 기도니까, 옆에서 지켜보면 그저 두눈을 감고 앉아 있는데 지나지 않는다.

차가운 물에 들어가기 전에 소금을 한웅큼 손에 쥐고 냉수속에 집어넣음과 동시에 '옴 진동'을 일으킨다. 그리고는 기합을 걸면서 냉수 속에 몸을 넣으면 물기둥이 선다.

직경 15센티, 높이 10센티 정도의 물기둥은 나의 몸에서 솟아 나오는 나쁜 가스 탓이 아닌가 생각된다.

그 전날에 체질개선을 시킨 회원이 전혀 없었을 때는 다만 작은 물거품이 보글보글 솟아오르는데 이는 몸 속에 고여 있던 유독가스가 나오는게 분명했다.

처음 얼마 동안은 내가 내는 '옴 진동'이 무엇인지 전혀 이해를 하지 못해 시끄럽다고 항의하는 사람들이 더러 있었으나, 거의 매일같이 얼굴을 마주 보게 된 뒤로는 거의 항의하는 사람이 없었다.

누군지 괴짜인가 보다 여기는 모양이다. 그런데 그런 가운데 목욕탕에서 몇 년 전부터 자주 만나는 한 노인이 있었다.

돌아가신 가친(家親)과는 등산 친구였던 분으로서 한때는 매우 풍채가 좋던 분이 초췌한 모습을 하고 있었다.

"어디 몸이 좋지 않으신가 보죠?"

하고 내가 인사를 했더니 노인은 자기의 건강 걱정을 해준게 아주 기뻤던지, 빙글빙글 웃으면서 오랫동안 당뇨병을 앓아 왔으며 지금도 혈압이 높은 편이라고 말했다.

그래서 나는 자연스럽게 내가 개발한 '옴 진동수'와 체질개선법'에 대하여 설명을 해주었다.

"댁에서 그리 멀지 않으니까 한번 찾아주세요. '옴 진동음'을 녹음한 테이프를 갖고 가셔서 '옴 진동수'만 만들어 마시면 좋아질 것입니다."

하고 나는 친절하게 연구원의 위치를 가르쳐 주었다.

그 뒤 목욕탕에서 만날 때마다 노인은 한번 찾아가야겠다고 생각을 하면서도 실천에 옮기지 못했노라고 했다.

가만히 생각해 보니 그 이야기는 형식적이었고, 내가 하고 있는 일을 전혀 믿을 수 없는 눈치인 것 같았다.

한 동네에 있는 나의 연구원이 멀어서 오지 못할 까닭이 없는 것이었다.

내가 각별히 염려해 주는 것을 오히려 성가시게 여기고 있는 것 같아서 그 뒤로는 길가에서 만나도 나의 연구원을 찾아오라는 이야기는 하지 않았다.

'예언자, 고향에서는 받아들여지지 않는다'고 말한 옛 성현들의 말씀이 옳다고 생각되었다.

어렸을 때부터 나를 알고 있고, 특히 나를 소설가로서 인식하고 있는 노인에게 갑자기 병 고치는 이야기를 들려주었으니 노인이 납득이 가지 않았던 것도 어쩌면 당연한 일이었으리라.

그럭저럭하는 동안, 대중탕에서도 그 노인의 모습은 눈에 띄지 않아 나는 노인이 연로(年老)하셔서 바깥출입을 못하게 된 탓이려니 생각했다.

그런데 지난 여름부터 목욕탕에서 자주 만나던 신사가 있었는데 어느 날 나를 향하여 '옴'이라는 그 소리는 무엇 때문에 내는 것이냐고 질문을 해 왔다.

나는 '옴 진동의 원리'와 체질개선에 대한 이야기를 들려주었다.

"그렇습니까? 이것 몰라 뵈서 죄송합니다. 그렇다면 제 병도 완쾌될 희망이 있는 셈이로군요."

하고 그는 굉장히 기뻐했다.

"어떤 병을 앓고 계십니까?"

"벌써 10년째 당뇨병을 앓고 있습니다. 게다가 합병증으로 폐도 좋지가 않습니다. 약은 열심히 먹고 있는데 거의 효과가 없지 뭡니까?"

"그러시다면 우선 저의 연구원의 회원이 되어서 '옴 진동음'을 녹음한 테이프를 구입하셔서 '옴 진동수'를 일정한 기간 마셔 보십시오. 우선 결핵은 쉽게 고쳐지리라 생각됩니다."

"그렇습니까? 그렇다면 한번 찾아가 뵙겠습니다."

그 뒤, 그 사람은 우리 연구원의 회원이 되어 녹음테이프를 가져 갔고, 욕탕에서 만날 때마다 열심히 '옴 진동수'를 마시고 있노라고 했다.

그로부터 한 달쯤 지났을 무렵이었다.

그때까지는 전혀 찬물에는 들어가지 않았던 그가 열심히 열탕과 냉탕 사이를 왔다 갔다 하는 것을 보고, 몸의 건강이 좋아진 모양이라고 생각하였다.

그는 사우나탕에 들어가 있는 내 곁에 와 앉으면서,

"옴 진동수를 열심히 마신 덕택에 폐는 완전히 좋아진 것 같습니다. 병원에서의 검사 결과도 좋을 뿐 아니라, 전에는 찬물에는 전혀 들어갈 수가 없었는데 이젠 찬물 속에 들어가도 옛날처럼 감기를 앓는 일이 없게 되었습니다. 정말 감사합니다."

하고 인사를 했다.

대중탕에서 이와 같은 이야기를 나눈 지 며칠이 지난 뒤였다.

아침 일찍 그가 연구원에 나타났다.

체질개선의 시술을 받기 위해 내 앞에 앉았을 때였다.

아무런 예고도 없이 한때 목욕탕에서 자주 만났던 그 노인의 얼굴이 그의 얼굴 위에 겹쳐 보였다.

"안선생, 오랜만이군요."

하는 노인의 목소리도 분명 들린 것 같은 느낌이었다. 그 순간, 이 환자가 어쩌면 그 노인의 아들이 아닌가 하는 생각이 떠올랐다. 만일 그렇다면 얼굴은 전혀 닮지 않은 아버지와 아들인 게 분명했다.

"당신의 아버님은 돌아가셨습니까?"
하고 나는 물었다.

"네 돌아갔습니다만, 왜 그건 물으시죠."

"언제 돌아가셨습니까?"

"지난 해 겨울에 돌아가셨습니다."

"당신의 아버님도 역시 당뇨병이셨고 말년에는 합병증으로 고혈압 때문에 매우 고생하셨던게 아닙니까?"

"잘 알고 계시군요."

"눈이 크시고 몸은 여위셨고, 매일 아침 삼청공원에 산책을 다니셨고, 챙이 넓은 모자를 늘 쓰고 다니시지 않으셨습니까?"

"그렇습니다. 이것 놀랐는데요."

"왼쪽 눈 밑에 커다란 사마귀가 있었지요."

"맞습니다."

"지금 당신의 아버님 모습이 당신 얼굴 위에 이중으로 겹쳐 보인 것입니다."

하고 나는 돌아가신 노인과 나 사이에 주고받은 이야기를 들려주었다.

"사실 저는 외아들이었습니다. 사업 때문에 미국에 출장가 있는 동안에 갑자기 돌아가셔서 임종의 자리에도 참석을 할 수가 없었습니다."

"당신에게는 분명히 작년 가을에 돌아가셨다는 아버님의 영혼이 빙의되어 있습니다. 체질개선 시술을 며칠 받은 뒤에 '제령'을 해야겠습니다."

"그러고 보니 최근에 아주 이상한 일이 있었습니다. 아침에 두 눈을 뜬 순간, 언제나 다름없이 아버님의 얼굴이 눈앞에 크게 떠오르곤 합니다. 그리고 갑자기 제가 노인이 된 것 같은 야릇한 기분이 들 때가 많아졌습니다."

"그것은 분명 돌아가신 아버님의 영혼이 붙어 있다는 증거입니다. 내가 알고 있던 노인이 당신의 아버님이었다는 것을 확인해 보고 싶으니까 다음에 오실 때는 꼭 아버님의 사진을 갖고 오십시오."

"그렇게 하겠습니다."

그러나 어찌된 영문인지 그는 돌아가신 아버지의 사진을 갖고 오지 않았다. 매번 올 때마다 잊곤 했던 것이다.

이와 같이 일부러 사진을 가져오지 않는 태도를 보아도 그의 아버지의 영혼이 빙의되어 있는게 분명하다고 나는 확신할 수 있었다.

내가 너무나도 끈질기게 재촉한 탓인지 어느 날 그는 돌아가신 아버지의 사진을 갖고 왔다. 내가 짐작했던 그 노인이 분명했다.

"이분이 분명합니다. 그러니까 살아 계셨을 때는 인연이 없어서 저를 찾아오지 않으셨지만, 돌아가신 뒤에 아드님의 몸에 빙의된 상태로 나를 찾아오신게 틀림없습니다. 확인이 되었으니까 내일이라도 당장 '제령'을 해드리겠습니다."

그를 돌려보내면서 어쩐지 그가 내일 연구원을 찾아올 수 없는 어떤 사건이 일어날 것 같은 불길한 예감이 들었다.

빙의된 아버지의 영혼이 아들의 몸에서 떠나기 싫어하고 있음을 느꼈기 때문이다.

아니나 다를까, 다음날 아침 내가 목욕을 마치고 집으로 돌아왔더니 아내가,

"오늘 아침 제령할 예정이 되어 있다는 손님으로부터 전화가 걸려 왔습니다. 어젯밤에 가벼운 교통사고를 일으켜서 아침에 오실 수가 없게 되어 오후에 오시겠다고 했습니다."

하고 말하지 않는가.

"그래서 본인이 부상당했다고 합디까?"

"아니, 그렇지는 않은 모양입니다. 자신이 운전하고 오던 중에 누군가를 친 모양이에요."

이것은 빙의되고 있는 아버지의 영혼이 제령 당하고 싶지 않기 때문에 일부러 일으킨 사고가 분명하다는 생각이 들었다.

어떻게 해서든 제령 당할 시간을 연기시키기 위해 일으킨 사고인 셈이니까 자기의 아들이 중벌을 받을 가능성이 없는 가벼운 사고였으리라고 판단했었는데, 결국 내 생각이 옳았다. 외아들로서 어려서부터 자기 멋대로 해온 것이 습관이 된 사람이었기 때문에 이 환자는 참을 줄을 모르는 성격이었다.

남보다 항상 늦게 와서 빨리 봐달라고 조르는 그런 성격이었다. 틀림없이 제령이 불가능한 시간에만 찾아와서 제령해 달라고 보챌 것이 분명했다. 제령이란, 나 혼자의 노력으로 할 수 있는 것이 아니라, 보호령들의 절대적인 협력없이는 불가능하다.

영사를 통해 빙의령을 어떻게 해서든 설득해서 환자의 몸 바

깥으로 나가게 하는 것은 내가 맡은 일이지만, 그들 망령들을 저승으로 데리고 가는 것은 내가 맡은 일이지만, 보호령들이 맡은 일이기 때문이다.

내가 많은 환자들을 상대로 직접 체질개선 시술을 한 뒤에는 아무리 애써도 유독 가스의 침입을 막을 수 없기 때문에 나의 몸은 더러워지게 마련이다.

그렇게 되면 잠시 신통력(神通力)을 잃어서 보호령을 부를 수가 없게 되며 따라서 제령은 불가능해진다. 이와 같은 사실을 알게 된 뒤로는 언제나 제령은 목욕탕에 가서 몸을 깨끗하게 한 직후에만 하곤 했다. 따라서 결국 오후에는 제령이 불가능해 졌다. 시술실 안에 앉아서 그 환자에게 빙의되어 있는 망령에 영파(靈波)를 동조시켜 보았던 바, 그 노인은 매우 교활한 사람이었다.

"그대가 무엇이기에 나를 쫓아내려고 하는가? 낮에 가게 해서 아들에게 억지로 제령해 달라고 조르게 할 생각이다. 보호령들이 협력해 주지 않는다면 임자도 어쩔 수 없을게 아닌가. 아들은 그 결과 임자를 믿지 않게 될 것일세. 그렇게 되면 나는 언제까지나 아들과 함께 있을 생각이네."

정말 딱한 일이 아닐 수 없었다. 이와 같은 경우, 내가 취할 수 있는 방법은 하나밖에 없다. 나는 환자의 영파에 동조하여 강력한 텔레파시 송신을 하는 것이다.

'지금 찾아가 보았자 제령은 해 주지 않을 테니까 내일 아침에 찾아가는 수밖에 없구나!'

환자의 입장이 되어 환자가 생각하는 것처럼 하면, 환자는 자기의 생각이라고 믿게 되는 것이다.

　내가 보낸 텔레파시 송신이 성공을 거두어서 그는 온다고 한 시간에 오지 않고, 다음 날 아침 일찍 나를 찾아 왔다.

　제령을 하는 순간, 환자의 얼굴이 다시 한번 변모현상(變貌現象)을 일으켰다. 죽은 노인의 얼굴로 바뀜과 동시에 눈물을 흘렸다.

　"안선생님이 말씀하신 그대로 돌아가신 아버님의 영혼이 분명히 제 몸에 붙어 있었던 것 같습니다. '나는 간다, 잘 있거라' 하는 아버님의 목소리가 들린 것 같은 느낌이 들면서 갑자기 슬픈 생각이 들어서 눈물이 왈칵 쏟아졌습니다."

하고 환자는 고백했다.

　그는 그때까지 완전한 무신론자였었는데 그 때를 계기로 유신론자로 변했노라고 고백했다.

　다음 날 아침 일찍 나를 찾아 온 환자는,

　"오늘 아침 검사를 해보았더니 거의 당분이 검출되지 않았습니다. 또한 아침에 두 눈을 뜨는 순간, 돌아가신 아버님의 얼굴이 눈앞에 떠오르지 않은 것을 보면 무사히 저승으로 가신 게 분명합니다."

하고 그는 매우 기뻐했다.

　그는 날이 갈수록 얼굴빛이 좋아졌고 병색을 찾아볼 수 없게 되었다. 지금껏 노인네 같았던 어두운 인상은 흔적도 없이 사라졌다. 그 뒤, 만날 때마다 물어보았지만 이제는 아침에 눈을 떠도 전과 같이 돌아가신 아버지의 얼굴이 눈앞에 선명하게 보이는 현상은 완전히 없어졌다고 했다.

심장에 구멍이 뚫린 소년

지금부터 10여년 전 일이었다고 기억된다.
어느 날, 아들의 심장에 구멍이 나 있다면서 그 아들을 데리고 어머니가 나의 연구원을 찾아왔다.
"병원에서의 설명에 의하면 태어난 아이들은 누구나 출생 직후에는 한결같이 심장의 변막에 구멍이 뚫려 있지만 생후 6개월에서 1년 사이에 전부 막혀 버린다고 했습니다. 그런데 제 아들은 어떻게 된 셈이지 여섯 살이 되는 지금까지 그 구멍이 그대로 뚫려진 상태에서 전혀 막힐 기미가 보이지 않는다는 것입니다. 감기만 걸리면 꼭 폐렴이 되곤 합니다. 저는 《제령》이란 책을 읽고 선생님을 찾아오게 되었습니다."
"아드님을 출산하시기 전에 무엇인가 큰 충격을 받은 일이 있지요?"
"네, 그렇습니다. 이 아이를 출산하기 3일전 쯤 월남전에 참전했던 남편이 전사했다는 소식을 듣고 기절한 일이 있었습니다. 적이 던진 수류탄을 자기 몸으로 막아서 부하들을 살리고 대신 돌아 가셨다는 소식이었습니다."

나는 언젠가 신문에 보도된 강재구 소령의 부인임을 비로소 알게 되었다.

영사를 해보았더니 그 아이에게는 전사한 아버지의 영혼이 빙의되어 있는게 분명했다.

옴 진동수를 일정한 기간동안 마시게 한 뒤, 체질개선 시술을 하고 그 뒤에 제령을 해주었다.

제령을 하던 날 아침이었다.

"이 아이가 어젯밤에 이상한 행동을 했습니다. 보통 때는 아침까지 한번도 깨지 않고 자는데 어젯밤에는 2시경에 눈을 뜨더니 저의 가슴에 매 달리면서 '엄마 나는 내일 아침이 되면 죽을 것만 같아'하면서 슬프게 울었습니다."
라고 말했다.

"그것은 아드님의 생각이 아닙니다. 아드님에게 빙의된 돌아가신 남편의 영혼이 자기 아들의 몸에서 떠나야만 한다는 것을 알고 있었습니다. 그래서 불안을 느낀 것입니다."

나는 이와 같이 설명을 해주었다.

그날 예정대로 제령은 성공을 거두었다.

"이제부터는 그저 열심히 '옴 진동수'만 마시게 하면 됩니다. 시간이 갈수록 조금씩 좋아질게 분명합니다."
라고 말하고 돌려보냈는데 그 뒤 2년가량 아무런 소식도 없던 그 부인이 얼마 전에 낯선 부인과 그 부인의 아들을 데리고 나를 찾아왔다.

"안선생님에게는 매우 죄송한 일입니다만, 저는 아무래도 선생님께서 하는 말씀을 완전히 믿을 수가 없었습니다. 그래서 여기서 시술을 받은 몇 달 뒤에 세브란스 병원에서 수술을 받으려고 아들을 입원시켰습니다. 그런데 정밀검사를 받은 결과 수술할 필요가 없다는 이야기를 들은 것이죠. 아직 완전히 막히지는 않았지만, 바늘구멍 크기 정도 남아 있을 뿐이라면 오래지 않아 저절로 막힐 가능성이 있다고 하면서 굳이 위험한 심장수술을 받을 필요가 없다는 것이었습니다."

"말씀을 계속하세요."

"저는 여기서 제령을 한 뒤에 아이에게는 아무런 약도 먹이지 않았어요. 의사 선생님은 이것은 기적이 일어난 것이라고 말씀하셨습니다. 그래서 이와 같은 체험담을 제 주위 사람들에게 이야기했더니 이 분이 어디선가 그 이야기를 전해 듣고 저를 찾아오신 것입니다. 오늘은 고맙다는 말씀도 드릴 겸, 이분을 안내하고 함께 온 것입니다. 이 분 아드님도 저의 아들과 똑같은 증상입니다."

하고 아들을 데리고 온 낯선 부인을 소개했다.

"아드님을 낳을 예정이었던 달에 무언가 엄청난 충격을 받은 일이 있습니까?"

"네, 그런 일이 있었습니다. 8개월이 되었을 무렵, 남편과 부부싸움 끝에 남편이 처음으로 저를 때렸습니다. 그 때에 마음에 큰 충격을 받았습니다."

"제 생각으로는 그것이 원인인 것 같습니다. 임신 말기에 큰 충격을 받으면 태아에게 곧 영향이 갑니다. 뇌성마비의 아이도 임신 말기에 모체가 받은 충격이 그 원인이 되는 경우가 많습니다."

"망령이 달라붙은 때문은 아닐까요?"

"글쎄요. 지금은 잘 모르겠는데요. 어쨌든 저의 연구원의 회원이 되셔서 100일 정도 '옴 진동수'를 마시게 하고, 집에서도 스피커를 통해 직접 시술을 한 뒤에 아이를 데리고 오십시오" 하고 입회를 시켜서 돌려 보냈다.

옛 사람들이 강조한 '태교'에 대하여 깊은 관심을 가질 필요가 있다고 생각한다.

영장(靈障)과 당뇨병 환자

　일반적으로 보아서 당뇨병은 완치가 어려운 병이다.
　현대의학에서는 당뇨병은 식이요법과 운동요법, 약물요법으로 어느 정도 호전은 시킬 수 있지만 한번 발병한 뒤에는 완쾌되기 힘들다고 한다.
　현대 의학에서 당뇨병을 완전히 퇴치시킬 수 있는 약은 아직 발명되지 않고 있다. 만일 당뇨병을 완치시킬 수 있는 약을 발명한다면 노벨의학상을 받으리라는 이야기까지 있다. 그래서 의사에 따라서는 '일병(一病)장수'라고 당뇨병이 있음으로서 몸을 잘 관리하게 되어 오래 살 수도 있다는 낙관론을 펴는 사람도 있다.
　그런데 나는 지난 몇 년 동안 수없이 많은 당뇨병 환자들을 완치시켰다.
　'옴 진동수'를 하루에 1.8리터를 마시게 함과 동시에 연구원에서 회원에게 나누어 준 스피커를 이용한 자가요법을 병용함으로써 27년 동안이나 앓아 온 중증(重症)의 당뇨병 환자를 완치시켰다.

내가 이 세상에 태어날 때 나를 받아 준 어느 유명한 여의사가 있었는데 80이 가까운 분이었다.

이 분이 27년 동안이나 앓아서 한쪽 눈까지 백내장으로 실명 직전에 있었는데 '옴 진동수' 복용과 자가요법에 의해 완쾌되어 현역 의사로 복귀한 예도 있다.

세상에는 난치병이라고 하는 당뇨병이 내가 개발한 '옴 진동수' 복용요법으로 제일 간단히 완쾌될 수 있는 병이 아닌가 생각된다.

한편 나의 경험에 의하면 대체로 당뇨병에 걸리는 사람들은 정신적으로 인색한 사람들, 타인의 호의를 순수하게 받아들이지 못하는 의심많은 사람들에게 흔한 질병이 아닌가 생각된다.

이를테면 가족의 애정을 솔직하게 받아들이지 않을 때, 몸에 절대 필요한 당분을 받아들이지 못하는 당뇨병이 발생할 가능성이 높다는 것이다.

아주 인색했던 사람이 당뇨병 발생과 동시에 심경에 큰 변화가 생겨 관대하게 되면서 자연히 병이 치료된 예도 많다.

그러나 여기서 또 하나 결코 잊어서 안되는 것은 망령(亡靈)이 달라붙음으로서도 당뇨병이 발생한다는 사실을 나는 수없이 경험하였다.

당뇨병이란 대체로 육체적인 욕망이 강한 사람들, 쾌락주의자들에게 많이 걸리는 병이라 하는데 망령이 달라붙게 되면 생명에너지가 부족하게 되고 유독가스가 몸 안에서 많이 발생하기 때문에 걸리는게 아닌가 생각된다.

그와 같은 예를 하나 소개해 보고자 한다.

서울 시내의 번화가에서 금은방을 경영하고 있는 김영달(가명) 씨는 합병증으로 결핵까지 앓고 있는 중증의 당뇨병 환자였다.
어느 날 내가 쓴 《제령》을 읽고 찾아왔노라고 했다.
영사를 해보았더니 자살한 젊은 여자의 영혼이 빙의되어 있음이 확인되었다.
"지금부터 10년쯤 전에 자살한 처녀가 당신 주변에 있었습니까? 살아 있을 때는 잘 알던 사람이며, 죽은 뒤에 의지해서 들어온 것 같은데 뭐 생각나는 것 없습니까?"
하고 내가 물었다.
환자는 한동안 생각에 잠기더니,
"그러고 보니 생각나는 사람이 있습니다. 제가 가게를 내고 있는 빌딩 주인의 딸이었는데 처녀의 몸으로 사업에 실패한 것을 비관하여 자살을 했습니다. 평소부터 오빠, 오빠라고 따랐고 여러 가지로 의지를 했기 때문에 장례를 치를 때도 제가 궂은 일은 앞장서 돌보아 주었죠. 제가 돌보아 주었는데 저에게 들어오다니 뜻밖이로군요."
"당신이 여러 가지로 도와주었기 때문에 의지해서 빙의가 된 것입니다. 자살을 하면 아무것도 모르게 되리라고 생각했었는데 막상 죽고 보니 그렇지가 않기 때문에 당황하여 당신의 몸속으로 들어오게 된 것이라고 생각됩니다."
"그러고 보니 최근에 와서 이상하리만큼 자주 그 여자의 꿈을 꾸곤 합니다."
하고 말하며, 비교적 쉽게 나의 이야기를 받아들였다.
제령할 때는 미리 예상했던 대로 그의 두 눈에서 눈물이 주르르 흘러 내렸다.

  그 뒤에 결과는 기적적이라고 할 수밖에 없을 정도로 좋게 나왔다.

  며칠 지나지 않아서 믿을 수 없을 정도로 그는 완쾌되었다.

  죽은 사람의 영혼이 빙의되어 일어난 당뇨병은 영혼이 떠남과 동시에 완쾌한다는 사실을 보여 준 좋은 예가 아닌가 생각된다.

자살하려는 사람들

아무리 생각해 보아도 자살할 만한 이유가 전혀 없는 사람이 병적인 자살 충동에 사로 잡혀서 실행에 옮기는 경우가 있다.

성공했을 경우에는 이미 죽어버린 것이니까, 어쨌든 해결이 된 셈이지만, 자살하는데 실패했을 경우에는 몸만이 깨지고 주변의 가족들이 받는 피해는 크게 된다.

내가 경영하고 있는 '체질개선연구원'을 거쳐 간 사람들 가운데에는 이와 같은 자살을 실패한 예가 꽤 많았다.

대부분의 경우, 그들은 이미 자살해서 죽은 사람들의 영혼이 빙의되어 일어나는 것이기 때문에 그 빙의령을 제령시킨 순간에 거짓말처럼 자살 충동이 없어졌다.

이것은 비교적 최근에 일어났던 일이다.

대학에 다니는 예쁜 딸을 데리고 어떤 중년 부인이 나를 찾아왔다.

남편은 육군대령이었는데 고혈압으로 쓰러져서 어느 날 갑자기 아무런 유언도 남기지 못한 채 세상을 떠났다고 했다.

지금 24세 된 딸이 겨우 네살 때의 일이었으니까 이미 20년 가까운 옛날에 겪은 일이었다.

한때는 갑작스러운 남편의 죽음으로 무척 당황했지만 부인은 낙천적인 성격이었기에 여자 혼자의 힘으로 자녀들을 아무런 탈 없이 잘 길렀고, 또 어느덧 여류 실업가로서 기반을 굳혔다고 했다.

그런데 그 부인에게는 남모르는 고민이 하나 있었다. 그것은 막내딸의 이렇다 할 이유도 없는 자살 충동의 발작이었다.

'나는 살아 있을 필요가 없는 인간이다. 죽지 않으면 안된다.' 하는 말을 거의 입버릇처럼 되풀이 할 뿐만 아니라, 그동안 여러 번에 걸쳐서 자살소동을 일으켰다고 했다.

그 부인에 의하면, 자기 딸은 자살해야 할 아무런 이유가 없다는 것이었다. 애인에게 버림을 받은 것도 아니고, 또 그 밖에도 자살해야 할 이유가 전혀 없다는 것이었다.

마치 이 세상 아닌 죽음 뒤의 저승 세계를 더 없이 아름다운 곳이라고 생각하고, 그곳으로 하루라도 빨리 가고 싶어하는 것 같은 태도라고 했다.

몇 번이나 자살소동을 벌였지만 그때마다 일찍 발견되어서 병원 치료를 받았기 때문에 목숨을 건졌으며, 만일 그렇지 못했더라면 벌써 오래 전에 저 세상 사람이 되었을 것이라고 했다.

자살 수단으로서 무좀약을 한 병 마시고 대소동을 일으킨 일도 있었다고 했다. 그 뒤로는 위장 장해를 일으켜서 지금까지 고통을 받고 있다고 했다.

내가 만나 보니 딸은 상당한 미인이었다. 그러나 이상한 현상이 일어났다.
 시술실 안에 들어선 순간, 아가씨는 얼굴빛이 창백해지더니 이상할 정도로 몸을 떨기 시작했다. 그리고 나에게서 시선을 피했다.
 "누군가 죽은 사람의 영혼이 붙어 있는게 분명합니다."
하고 나는 말했다.
 "여기 앉아 보세요. 한번 시험해 보십시다."
 나는 그녀를 내 앞에 마주 앉게 한 뒤에 그녀의 두 눈을 가볍게 누르면서 '옴 진동'을 일으켰다.
 그 순간, 그녀는 갑자기 신음소리를 내면서 공포에 일그러진 표정이 되었다.
 "무엇이 보입니까?"
 "남자의 얼굴이 보입니다. 수염이 많이 난 얼굴입니다."
 "다시 한번 시험해 봅시다."
 나는 정신통일을 한 후 '옴 진동'을 일으키며, 그녀의 두 눈을 가볍게 눌렀다.
 몇 번 되풀이 해도 결과는 마찬가지였다.
 곁에서 딸의 모습을 지켜보고 있던 부인이,
 "죽은 이 아이의 아버지가 분명한 것 같습니다. 그는 굉장히 수염이 많았습니다. 네살 때 돌아가신 아버지니까, 그 얼굴을 기억하고 있을 까닭이 없습니다. 그러고 보니 최근에 자주 꿈 속에 나타나서 자기는 혼자 외로우니 딸을 데려 가야겠다고 말하곤 했습니다."
 "그래서요."

"물론 꿈속에서도 저는 맹렬히 반대를 했습니다. 남편이 그 때 보인 원망스러워 하던 표정이 지금도 눈앞에 보이는 것 같 습니다."
하고 부인이 고백했다.

그때였다. 딸이 다음과 같은 이야기를 들려주었다. 몇년 전 일이었다고 한다.

그때까지는 한번도 자살소동 따위는 일으킨 일도 없는 오직 공부에만 열중하던 착실한 여학생이었다는 것이었다.

어느 날 밤, 꿈속에서 전혀 낯이 설고 몸에 누더기를 걸친 중년의 남자가 나타나서 배가 고프니 밥을 달라고 졸랐다고 한 다. 그런 꿈을 꾼 며칠 뒤의 일이었다고 한다.

이번에는 전번 꿈속에 나타난 남자가 아버지라고 말하면서 자기 어머니에게 자기는 외로워서 도저히 혼자서는 살아갈 수 가 없으니 자기를 데려 갈 생각이라고 말하더라는 것이었다.

꿈속에서도 어머니는 다 키운 딸을 데려가려고 하다니 절대 로 안된다고 말하면서 굉장히 화를 냈다고 했다.

그 다음 날이었다고 한다.

학교에서 돌아 온 그녀가 선반 위를 보았더니 박카스 병이 눈에 띄어서 아무런 생각없이 마셨더니 입안에 들어간 순간 그 맛이 박카스하고는 전혀 다르게 느껴졌다는 것이었다.

그래도 어찌된 영문인지 뱉어 낼 생각이 없어 그냥 마셔 버 린 뒤에 손에 든 병의 라벨을 보았더니 그 약병은 박카스병이 아니라 무좀약이었다는 것이었다.

분명히 조금 전에 보았을 때는 박카스의 라벨이 붙어 있었는데 정말 이상한 일이 아닐 수 없었다.

　이것이 그녀가 우연히 일으킨 최초의 자살소동이었다고 한다. 이 같은 사건 뒤로는 쉴새없이 죽고 싶다는 충동에 사로잡히게 되었다고 한다.

　그녀는 '옴 진동수'를 한달 이상 마시게 한 뒤에 제령을 했는데, 그때 그녀는 흐느껴 울었다.

　"따님에게서 떠나기 전에 무엇인가 이야기하고 싶은게 있으면 말씀하세요."

하고 내가 말했더니, 아가씨는 갑자기 어머니를 돌아다보면서 무엇인가 말을 하려는 눈치더니 끝내 입을 다물고 말았다. 나중에 물어보았더니,

　"애들을 잘 부탁하오!"

하는 말이 목구멍까지 나왔었으니 창피스러운 생각이 들어서 끝내 말을 하지 못했다고 했다.

　제령이 끝난 뒤였다. 다시 한번 그녀의 두 눈을 가볍게 누르고 '옴 진동'을 일으켜 보았더니 이번에는 무엇인가 밝은 빛이 한가운데 보일 뿐, 남자의 얼굴은 보이지 않는다고 했다.

　"당신은 이미 오래 전에 육체를 잃어버린 영혼이며, 지금은 따님의 몸에 붙어 있는 것입니다. 보호령님들의 안내를 받아 저승으로 가서서, 이제부터 몇 년 동안 수양을 쌓은 뒤에 정식으로 보호령의 자격을 받고 돌아오지 않으면 안됩니다."

하는 나의 권유에 따라, 쾌히 그녀 아버지의 영혼은 이탈했다.

　그 날부터 그녀의 성격은 완전히 바뀌어 명랑해졌다고 한다. 물론 그 뒤로는 단 한번도 자살소동을 일으키지 않았다고 한다.

뇌암을 앓다가 수술에 성공한 환자가 매년 6월 하순이 되면 자살소동을 일으키는 경우가 있었다.

지난 해에도 6월 하순경, 한강의 인도교에서 강물에 뛰어내려 자살소동을 일으킨 것도 본인도 모르는 가운데 일으킨 사건이라고 환자는 말했다.

"정신을 차려 보니 자갈밭 위에 피투성이가 되어서 쓰러져 있었습니다. 그렇게 높은 곳에서 뛰어내렸는데 목숨을 건진 게 정말 이상한 일이었습니다."

하고 그가 말했다.

내가 영사를 해보니, 한국동란 때 머리에 총상을 입고 죽은 사촌형이 있음이 밝혀졌다.

"네, 저의 사촌형이 그렇게 죽었습니다. 괴뢰군에게 끌려가는 도중, 의정부 근처에서 머리에 총상을 입고 죽었습니다. 그 형님이 저를 굉장히 귀여워 해 주신 것을 잘 기억하고 있습니다."

"그 사촌형의 영혼이 붙었기 때문에 뇌암에 걸리게 된 것 같습니다."

그 환자도 체질개선 시술을 받은 뒤에 제령을 해주었더니 완전히 정상이 되어 그 완고하던 자살소동도 완전히 없어졌다.

그는 S은행의 행원이었는데, 지금은 몸이 완전히 회복되어 직장으로 돌아갈 날만을 기다리게 되었다.

"아들의 인생관이 완전히 바뀌었습니다. 아주 명랑해졌고 오히려 가끔 저를 위로해 줄 정도가 되었습니다."

이것은 이 환자의 어머니가 요즘에 나를 찾아와서 들려 준 말이다.

〈8권에서 계속〉

세계적인 심령연구가들이 체험한 사후의 세계! 그 베일을 벗긴다!

전20권

영혼과 4차원세계
심령과학시리즈

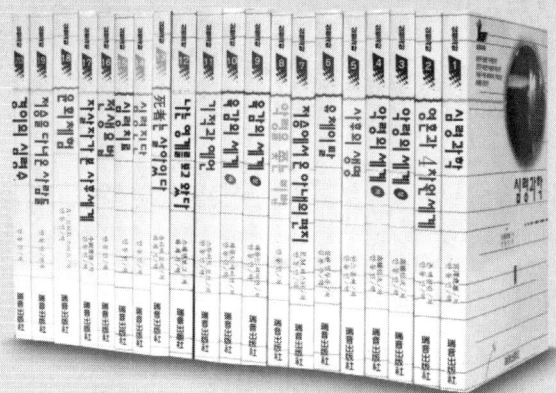

★ 전국
유명서점
공급중

- 1권 심령과학
- 2권 영혼과 4차원세계
- 3권 악령의 세계 ㊤
- 4권 악령의 세계 ㊦
- 5권 사후의 생명
- 6권 유체이탈
- 7권 저승에서 온 아내의 편지
- 8권 악령을 쫓는 비법
- 9권 육감의 세계 ㊤
- 10권 육감의 세계 ㊦
- 11권 기적과 예언
- 12권 나는 영계를 보고 왔다
- 13권 사자(死者)는 살아있다
- 14권 심령진단
- 15권 심령치료
- 16권 전생요법
- 17권 자살자가 본 사후세계
- 18권 윤회체험
- 19권 저승을 다녀온 사람들
- 20권 경이의 심령수

세계적인 심령연구가 지자경/차길진 법사와 안동민선생이
밝히는 영혼과 4차원세계의 전모!

이 책을 펼치는 순간부터 당신의 운명이 바뀐다!!

사랑하는 가족이나 친지에게 드리는 최고의 선물

세계적인 심령연구가 **지자경 · 차길진 · 안동민 편저**

나의 전생은 누구이며 사후에는 무엇으로 환생할 것인가?

➡ 버지니아공대 조승희 총기사건은 가정교육과 학교에서의
  인성교육 부재가 불러온 총체적 비극이다!

➡ 바로 이 책은 자녀들의 정신건강을 위해 부모가 꼭 읽어야 할 필독서다!

〈업〉 전 9권
1권 전생인연의 비밀   2권 사후세계의 비밀
3권 심령치료의 기적   4권 내가 본 저승세계
5권 영계에서 온 편지   6권 영혼의 목소리
7권 전생이야기   8권 빙의령이야기
9권 살아있는 조상령들

편저자 약력

서울에서 출생하여 서울대 문리대 국문과를 졸업. 1951년 경향신문 신춘문예에「聖火」가 당선되어 문단에 데뷔. 그후 일본에 진출하여「심령치료」「심령진단」「심령문답」등을 저술하여 일본의 심령과학 전문 출판사인 대륙서방에서 간행하여 큰 호응을 얻었으며, 다년간 심령학을 연구함. 그후「업」「업장소멸」,「영혼과 전생이야기」「인과응보」「초능력과 영능력개발법」「사후의 세계」「심령의 세계」등 심령과학시리즈 20여종 저술(서음미디어 간행)

개정판 발행 : 2012년 1월 20일
발행처 : 서음미디어(출판)
등 록 : No 7-0851호
서울시 동대문구 신설동 94-60
Tel (02) 2253-5292
Fax (02) 2253-5295

편저자 | 안 동 민
기획/편집 | 이 광 희
발행인 | 이 관 희
본문편집 | 은종기획
표지 일러스트
Juya printing & Design

ISBN 978-89-91896-86-4
홈페이지 www.seoeumbook.com
*이 책은 저작권법에 의해 보호를 받는 저작물이므로
무단 전제나 복제를 금합니다.
ⓒ seoeum